近江
旅の本

近江の城下町を歩く

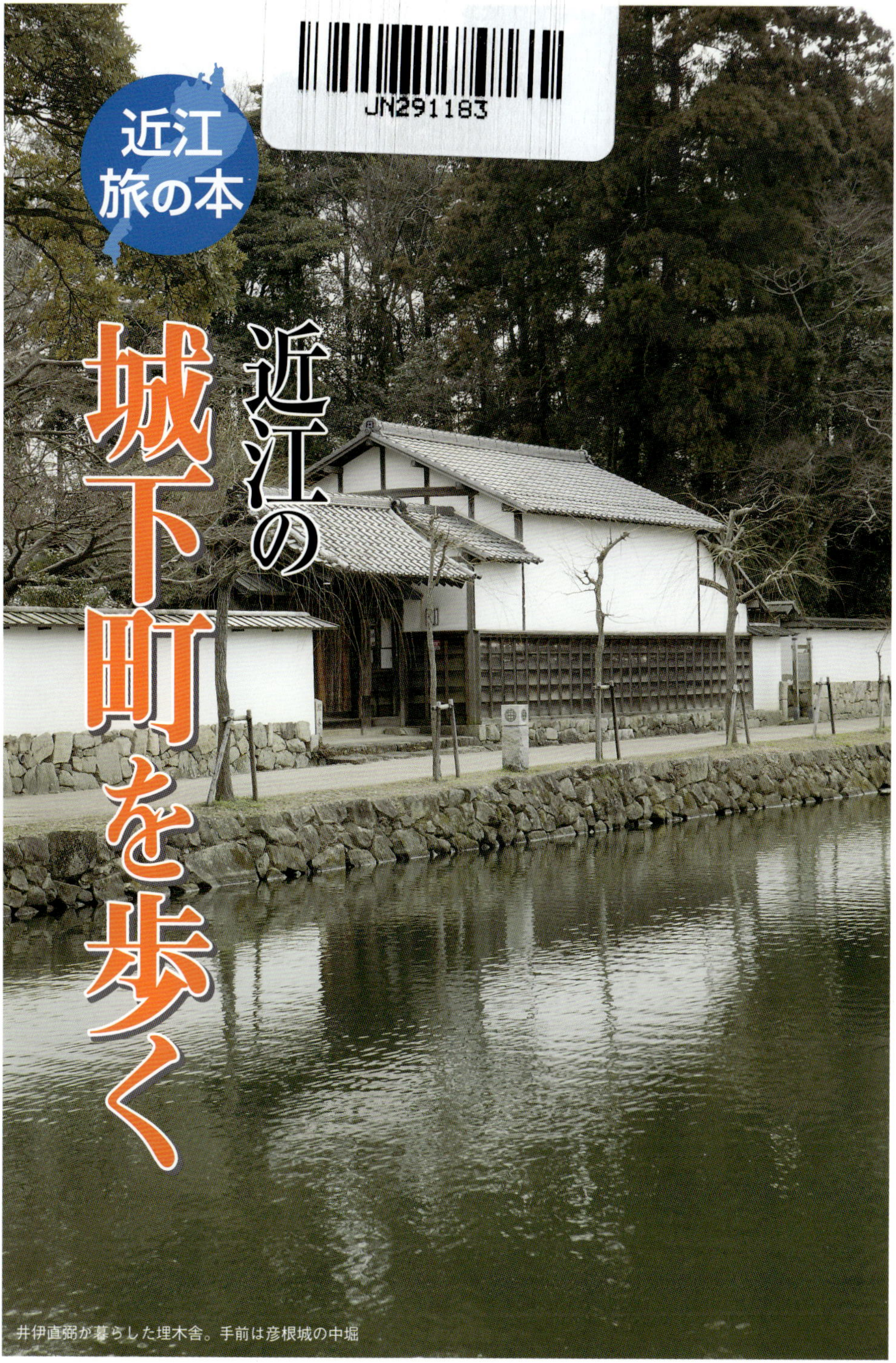

井伊直弼が暮らした埋木舎。手前は彦根城の中堀

琵琶湖八景「月明：彦根の古城」

彦根城

CONTENTS

目次

近江の城下町を歩く

コラム

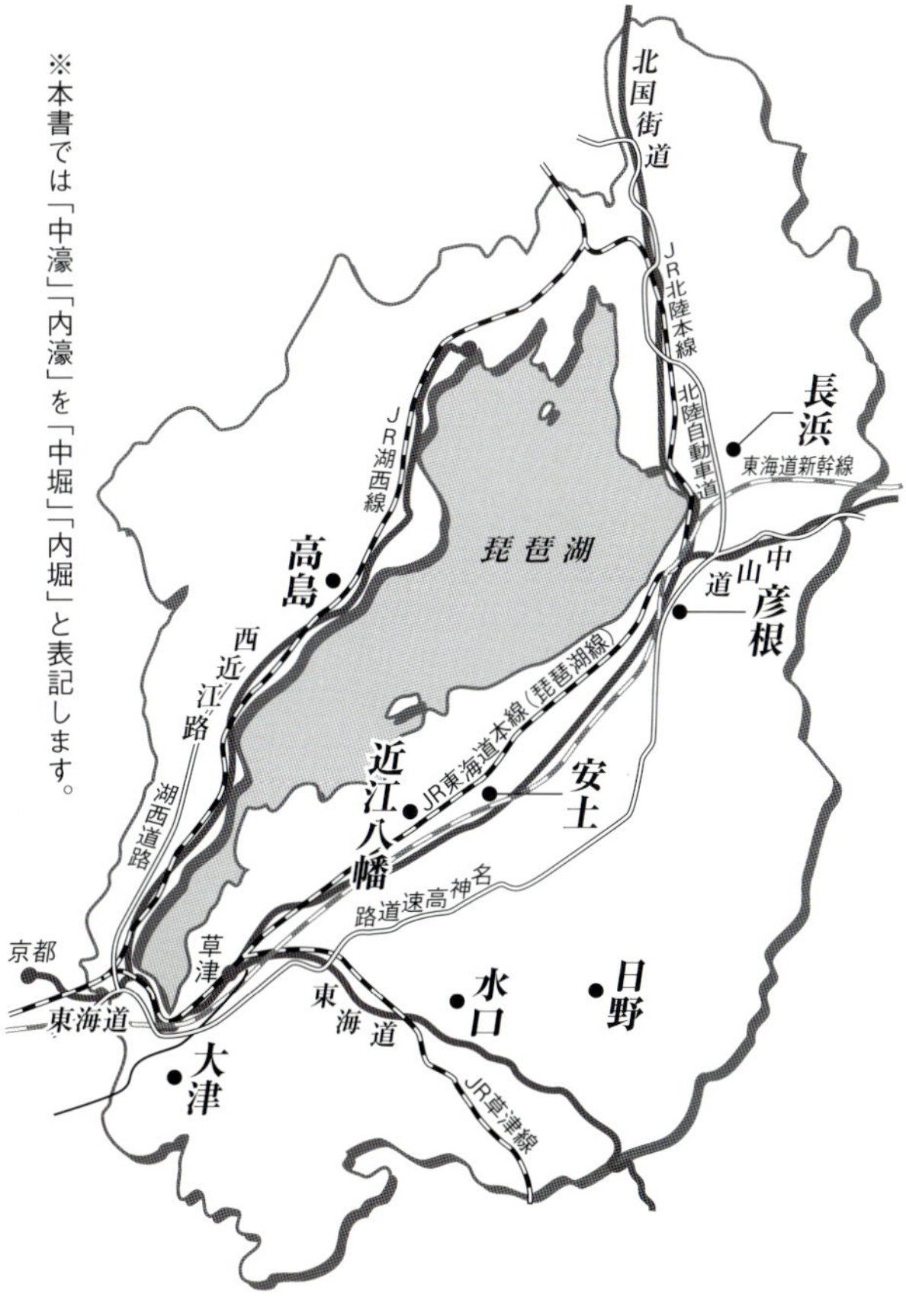

膳所城下町

※本書では「中濠」「内濠」を「中堀」「内堀」と表記します。

彦根《ひこね》

金亀山《こんきやま》山頂にその勇姿を誇る国宝・彦根城。今に残る建造物のほとんどが、近世城郭の姿を伝える。徳川幕府の譜代《ふだい》大名・井伊《いい》家は、ここで西国大名勢力の抑えとして二百有余年君臨してきた。

➡「鉄綴桶皮胴具足」井伊直政の召替用具足（彦根城博物館蔵）
徳川家康の命によって、武田軍団の象徴である「赤備え」を継承した直政は徳川の先鋒として活躍がめざましく、徳川四天王といわれた。直政の具足は虚飾を廃し実用本位に徹した井伊家の赤備えの原型となった。

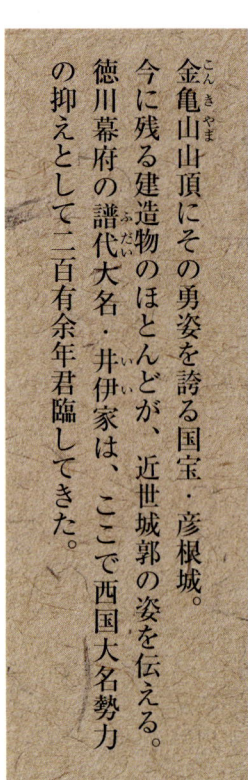

⬆慶長９年（1604）に築城が始まった彦根城は、金亀山の自然の地形を生かしながら、大津城、長浜城、佐和山城などの城門や石垣を用いて建設された。戦略的な城郭の様相でありながらも優美な姿はまさに近江随一の名城といえる。国宝の天守をはじめ要所の各櫓が重要文化財の指定を受ける。（彦根市提供）

⬅直弼が青年時代を過ごした埋木舎

⬅金亀公園に立つ井伊直弼の像

➡天寧寺（五百羅漢）
11代藩主・井伊直中が、腰元・若竹の不義をとがめ罰したが、その後、相手が自分の息子とわかり、母子の供養のために建てたという。京都の名工・駒井朝運に刻ませた木造五百羅漢は、拝観すると必ず自分の探し求める人の顔があるという。境内には直弼の供養塔とともに、直弼を支えた長野主膳の墓や村山たか女の碑がある。

花の生涯

舟橋聖一の小説『花の生涯』がＮＨＫ大河ドラマの第１作として昭和38年に放映され、一躍彦根市が全国に知られるようになった。

藩主になる前の井伊直弼《いいなおすけ》は、自らの不遇を称して「埋木舎《うもれぎのや》」と名付けた屋敷で17歳から32歳まで、３００俵の捨扶持《すてぶち》の身ながら、心身の修練に努めた。その簡素な屋敷は、いろは松のわき道を北に入った中堀に面して建っており、一般に公開されている。

世の中をよそに見つつも
うもれ木の　埋もれておらむ
心なき身は
直弼

↑龍潭寺
曹洞宗妙心寺派の寺院。井伊家発祥の遠江国（静岡県）井伊谷（いいのや）にある龍潭寺の昊天（こうてん）和尚によって元和３年（1617）に創建。方丈には蕉門十哲の森川許六（きょりく）の襖絵104面があり、造園を学ぶ「園頭科」があった寺にふさわしく佐和山を借景とした池泉と枯山水の２つの庭園が素晴らしい。書院東庭の「蓬莱池泉庭」は、山を背景に大きな池が横たわる池泉鑑賞式庭園であり、書院北庭の「露地庭」は、その上に上段庭がある。

井伊家ゆかりの寺院

→清涼寺
２代藩主直孝が初代直政の墓所として創建した曹洞宗の寺院。歴代藩主の菩提寺として栄えた。かつては、石田三成の重臣・島左近の屋敷があり、境内のタブの老木は当時のものと伝わる。開国の偉業を果たした直弼は心身の修養のため当寺に参禅している。

←龍潭寺に残る森川許六が描いた襖絵

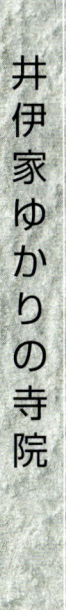

彦根城の築城

佐和山城と彦根城

琵琶湖の東岸、彦根には国宝「彦根城」と石田三成《みつなり》の居城であった「佐和山城跡」が相対峙している。双方とも江戸と京都、北国を結ぶ交通の要衝の抑えとして重要な役割をもっていた城郭である。

慶長5年（1600）9月、関ケ原の合戦で敗れた石田三成は逃亡し、翌日三成の父正継《まさつぐ》らは佐和山城で自刃《じじん》して果てた。威容を誇った佐和山城は落城し三成もとらえられた。翌慶長6年（1601）家康の命で新しい佐和山城主として赴任したのが初代井伊直政《なおまさ》であった。直政は、戦いで荒れた城を新しく建設することを望んでいたが、戦傷がもとで翌年に死去し、家督を継いだ直継《なおつぐ》によって慶長8年（1603）金亀山《こんきやま》での築城が始まり、元和8年（1622）にほぼ完成した。

彦根城の構造

深い緑に包まれた金亀山に、天守をはじめ左右対称の天秤《てんびん》櫓《やぐら》、自然の岩石を取り込んだ太《たい》鼓門《こもん》櫓などが現存する。全山を覆う樹木は籠城《ろうじょう》戦の備えとして食糧や薬草などが植えられ、腰曲輪《こしぐるわ》には石垣に挟まれた犬走りがある。侵入を防ぐ工夫が随所に見られ、戦闘のための城となっている。

築城当時、西国の監視を重要視して早い完成をめざしたので、周辺の城や砦の石材や材木が利用された。天守は大津城を移築、天秤櫓は長浜城の大手門であったとされる。

天守建築の過渡的な構造であるとされる天守は、牛蒡《ごぼう》積みといわれる天守台の石垣に3重3階の天守に続《つづき》櫓と多聞《たもん》櫓が連なり、唐破風《からはふ》、千鳥《ちどり》破風などを取り入れ、漆喰《しっくい》塗りの大壁には花《か》頭窓《とうまど》が付けられている。小規模ながら多様な破風を複雑に取り入れた優美な姿を見せる。

彦根藩の歴代藩主群像

←藩主群像（彦根城博物館蔵）

破格の35万石

彦根藩の歴代藩主は、徳川幕府の譜代《ふだい》大名として、幕府政治のなかでは臨時に任命される大《たい》老《ろう》職につく家柄であった。初代直政を彦根に配した理由としては、幕府の軍事拠点の整備を急いだことが考えられる。さらに井伊家は「京都守護」の任務が与えられていた。直政の佐和山藩主任命によって彦根藩主の基礎が築かれ、直政の次男直孝《なおたか》は、大坂夏の陣でめざましい戦功をあげ、幕府領からの預かり米5万石が与えられ35万石という破格の待遇を得た。直孝は、2代将軍秀忠《ひでただ》や3代将軍家光《いえみつ》の信頼が厚く、徳川御三家や親藩と同様に結果としてではあるが一度も転封《てんぽう》することがなかった。

一方、直孝は藩の諸制度・法令の基礎をこの時に整備している。井伊家からは、3代直澄《なおすみ》、4代直興《なおおき》、10代直幸《なおひで》、12代直亮《なおあき》、そして直弼が幕府の大老職に就任している。

4代直興は幼少より俊英といわれ、善政を行った。槻《けやき》御殿を造営し、日光東照宮《とうしょうぐう》修築の総奉行を務める。家中全員の経歴を記した『侍中由緒《さむらいじゅうゆいしょ》帳《ちょう》』の編纂《へんさん》に着手している。

桜田門外の変

幕藩体制の存亡をかけて開国を唱え、桜田門外で討たれた直弼は、11代直中《なおなか》の14男として生まれたが、36歳で思いがけなく藩主となった。大老職に就くまでの間、直弼はくまなく領内を巡視し、税の軽減や産業振興に大きな成果をあげている。安政5年（1858）大老職に就任したが、日米修好通商条約の締結と将軍の継嗣問題が複雑に絡み合ったなか、2年後には桜田門外で暗殺される。明治4年（1871）廃藩置県によって14代直憲《なおのり》が最後の藩主となった。

⬆玄宮園
彦根城の北側、内堀に面する西隣の枯山水庭園「楽々園」とともに井伊家の下屋敷庭園として４代藩主井伊直興が延宝年間（1673～1687）に造営した大池泉回遊式の庭園。中国唐時代の玄宗皇帝の離宮をなぞらえ、彦根城天守や茂った木々を背景に、大きな池に突き出すように臨池閣が建つ。池の周りには、近江八景を模した樹木や岩石を配し別名「八景亭」といわれる。池に引き込んだ水は水流（みずながれ）町（現立花町）の湧水を地下に埋めた木管で導水するという当時としては画期的な土木工事であった。
ハスやショウブの名所としても知られ、例年９月から10月にかけて開催される「虫の音を聞く会」は琴の調べのなかで優雅に虫の音を楽しむことができる。

⬅直弼が誕生した楽々園
玄宮園と竹垣で隔てられた「楽々園」は、井伊家の別荘御殿で、岩盤の上に建設された「地震の間」は天井の梁に麻ロープを結びつけるなど珍しい耐震構造になっている。

⬆唐織の能装束
紅黄濃茶段檜垣に牡丹と芒（すすき）模様
（彦根城博物館蔵）

⬆湖東焼　金襴手柳翡翠図建水　鳴鳳作（彦根城博物館蔵）
湖東焼は彦根城下の商人絹屋半兵衛が始め、その後彦根藩が資金を出したが、直弼没後に彦根藩窯の歴史は終焉した。その後も城下などでつくられていたが、約80年でその歴史を閉じたことから「幻の名窯」といわれる。

⬆風俗図屏風（彦根屏風　国宝）（彦根城博物館蔵）
近世初頭に描かれた風俗画の最高傑作のひとつで、井伊家に伝わったことから「彦根屏風」と呼ばれる。例年春には一般公開されるが、復元画は彦根城博物館に常設展示されている。

➡彦根城博物館内の能舞台（彦根市提供）
明治時代の彦根城解体時に難を免れた能舞台が表御殿に建立されたのは、文化11年（1814）以降であると推測されている。その後は、井伊神社、さらに昭和38年には護国神社に移築されたが、表御殿の復元によって、ようやく元の位置に戻った。

大大名井伊家のちゃかぽん

雄藩としての収集品

儀礼を重んじた江戸時代、大名はそれぞれの家格にふさわしい道具を揃えた。譜代大名筆頭の井伊家では雄藩として多数の道具が集められた。

彦根城博物館では常設展示として江戸時代の彦根藩のようすを伝えている。武具のほか、12代藩主直亮の雅楽器や13代藩主直弼の茶道具などの私的な収集品が、質量ともに厚みを加えている。

幻の名窯・湖東焼

直亮、直弼の時代に黄金期を迎えた湖東焼は、藩内の古着商絹屋《きぬや》半兵衛が精根を傾けて考案し、その後、直亮が藩窯《はんよう》として徹底的に優品をめざしたので、金襴手《きんらんで》や錦手《にしきで》の精緻な焼き物として有名になった。しかし、あまりに生産性が悪かったため、直弼の死後、藩窯としては立ち行かなくなる。

その後、藩の御用を数名の絵師が引き継いだが、明治の初めにはすっかり姿を消した。

短期間に終わった湖東焼は作品数が少なく、愛好家の垂涎《すいぜん》の的とされてきた。近年、湖東焼復興の機運が高まり、市内に新しい窯《かま》が誕生した。

なお、絹屋半兵衛の焼き物への挑戦のようすが幸田真音の小説『藍色のベンチャー』に描かれている。

➡手前が彦根城博物館、その後ろが彦根城天守

井伊家の能面と能装束

　江戸時代、能は武家の式楽として重要視されていたので、諸大名は非常に能を保護し、藩邸内に能舞台をつくり、能役者を召し抱えて盛んに能を演じた。また藩主自らが演じることも多かった。

　井伊家でも直中の時代には能役者を新規に召し抱え、隠居した直中は槻御殿《けやき》に能舞台をつくるなど、積極的に能面や能装束を収集した。

　15代直忠は自らも演じるなど能を愛好し、奥義をきわめ、直忠が収集した明治・大正・昭和初期のものが伝来品に加えられた。その多くが関東大震災で焼失したものの、能面２３０面、能装束２５０領余りが今に伝わる。

　茶道をきわめた直弼もまた能への造詣が深く、自らは小鼓を打ち「安達女」「狸の腹鼓」を創作している。

「一期一会」直弼の茶

　自らの住まいを「埋木舎」と名付けた直弼は、人知れず土中に埋もれても朽ち果てぬ埋れ木のようにありたいとの思いから自己鍛錬に励み、禅、居合、馬術、国学、茶道と諸道を義務とした。

　とりわけ茶道には生涯、真摯に取り組み『茶湯一会集《ちゃのゆいちえ》』をはじめ多くの茶の本を著している。『茶湯一会集』では、人と人との出会いの大切さをいう「一期《いちご》一会」について記している。一般に広く知られるこの言葉は、茶の一派をなした直弼の禅の心から生まれた。

　茶道や能などにも秀でた直弼は、「ちゃかぽん」の愛称で親しまれている。

⬆天秤櫓（重要文化財）
表門から石段を登りきると鐘の丸にたどりつく。広場の入口の売店横には与謝蕪村の「鮒ずしや彦根の城に雲かかる」の句碑が建ち、ここから廊下橋を渡ると天秤櫓に入る。均整のとれた美しさの中に要の城門としての堅牢な櫓は他に類がない。廊下橋を中心に左右の石垣の積み方が異なり、東側は自然石を用いた牛蒡積み、西側は落とし積みという整えられた切石でつくられた石垣である。

⬆二の丸佐和口多聞櫓（重要文化財）
いろは松から表門に向かう途中、中堀に面して建つ佐和口多聞櫓は、かつて佐和口門と一体となっていたが明治になって門が取り壊され、北側の櫓は昭和35年に外観が復元された。多聞櫓の背後には、全国で唯一大規模な馬屋（重要文化財）が現存する。

⬆旧池田屋敷長屋門

彦根城内図

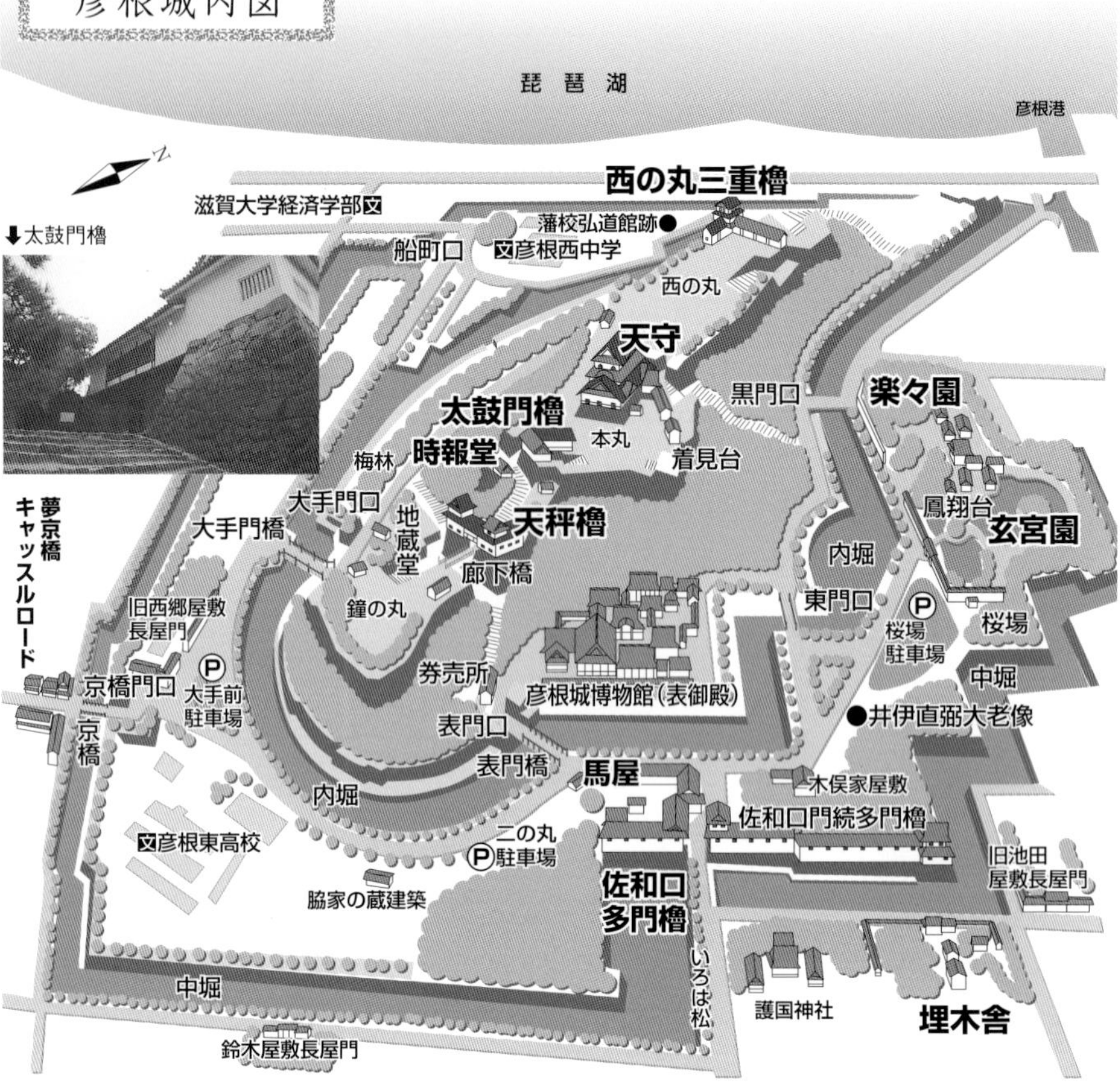

城内を歩く

関ヶ原合戦後、西国の抑えとして築城された彦根城は、戦国時代に琵琶湖周辺に築城された長浜城、安土《あづち》城、佐和山城、八幡《はちまん》城を一括する目的があり、敵からの攻撃に対する防御に優れた構造となっている。堀沿いには犬走りを備えた2段の石垣が築かれ、急斜面の石垣は敵の侵入を妨いだ。天守の内部には隠し狭間《はざま》や鉄砲狭間という戦闘用の備えがあり、鐘の丸には密かに城外に通じる抜け道がつくられている。

軍事拠点でありながら、政庁としての表御殿が建設されるなど、城の性格や構造において、中世から近世への過渡的な様相を持つ。石垣の上に立つ櫓の一部は解体されたが、堀に囲まれた城郭のほとんどが江戸時代の姿をとどめている。

石田三成の居城・佐和山城

彦根城の北東、美しい台形の佐和山《さわやま》には、彦根城築城以前、戦国時代後半に築城された佐和山城があった。大手門は、古代からの官道東山道《とうさんどう》が通る鳥居本《とりいもと》にあり、この街道を見すえるように山頂部には7層の天守がそびえていたと伝わる。鎌倉時代の末、佐々木氏によって館が築かれたが、交通の要衝であったため城を巡る攻防戦が繰り返された。その集結は元亀元年（1570）の佐和山合戦であった。信長が勝利し、家臣丹羽長秀《にわながひで》が入城した。佐和山を手中にいれた信長は、安土城築城以前にしばしば滞在し、京への陸路とともに城下の内湖を通じて水路を確保した。

➡本丸東側の石垣。数少ない遺構のひとつ。

➡佐和山山頂の天守跡に建つ石碑。

➡中山道鳥居本宿に近い場所にあった佐和山城の大手口。いまも土塁が残る。

秀吉の時代、文禄4年（1595）に佐和山城主となった石田三成は、大規模な整備を行い、同時に領内の統治にも細やかな配慮を示している。しかし関ヶ原の合戦によって三成は敗走し、城は落城した。

戦後、城主に命ぜられた井伊直政は城主となった1年後に城内でこの世を去り、その子直継によって金亀山に築城された。城郭の石垣などすべてを彦根城の普請に転用するなど、三成時代の旧観を一掃したので、わずかに石垣や土塁《どるい》に城跡の名残りがあるだけだが、近年、本格的に調査に着手されることになった。いずれ佐和山城の全容が明らかになるであろう。

⬆彦根藩下級武士の住居跡（芹橋界隈）

⬆道路が交差するところに残る物見番所（芹橋界隈）

⬆足軽屋敷が今も随所に残る（芹橋界隈）

⬆芹川にかかる後三条橋近くの湯葉屋「大半」では、竈を使ったこだわりの湯葉を製造

城下町の繁栄をもたらした商工業の名残りはまちのあちこちに見られ、伝統工芸の指定を受ける仏壇をはじめ、職人の技が伝えられている。

⬆江戸時代から城下に伝わる手づくり和ろうそく

⬇城下町の中心部・本町付近

⬆城下町の風情が漂う旧魚屋町界隈。時間がゆっくりと流れている

➡武士と町人の居住区を分けた中堀にかかる京橋

城下町の都市計画

金亀山とその周辺の自然の地形を生かしつつ、城下町の形状には数々の戦略的な配慮が見られる。

築城にあたっての最大の土木工事は金亀山の北側、内湖に注ぐ善利《せり》川の付け替え工事だった。その後、城を囲む3重の堀の開削が行われる。

本丸のある台曲輪には家臣団筆頭が、内堀内の第二曲輪には重臣が配置され内曲輪と呼ばれ、中堀に面しては城下と城内を隔てる出入口が3ヶ所つくられた。

中堀と外堀の間の内町《うちまち》と呼ばれた区域には武家屋敷や防御のための寺院が置かれ、見通しを悪くするよう道路が工夫されている。

町人の居住地は職業別に住居地を定め、桶屋《おけや》町、紺屋《こんや》町、魚屋《うおや》町などの町名が見られる。町名表示の変更でいずれもなくなったが、彦根史談会の尽力で旧町名表示が市内の随所に見られる。

外堀の外には足軽屋敷が置かれ、内町に対して外町《とまち》と呼ばれた。現存する武家屋敷は、城下町の面影を色濃く残している。

城下町都市計画によって付け替えられた芹《せり》川の南部は、昭和40年以降、住宅が増加したが、芹川のケヤキ並木のかなたには天守の姿が白く輝く。

道路拡幅がすすみ、ドンツキや曲がりくねった道が少なくなってきたが、狭い路地のあちこちから天守の姿が見える静かな城下町情趣が息づいている。

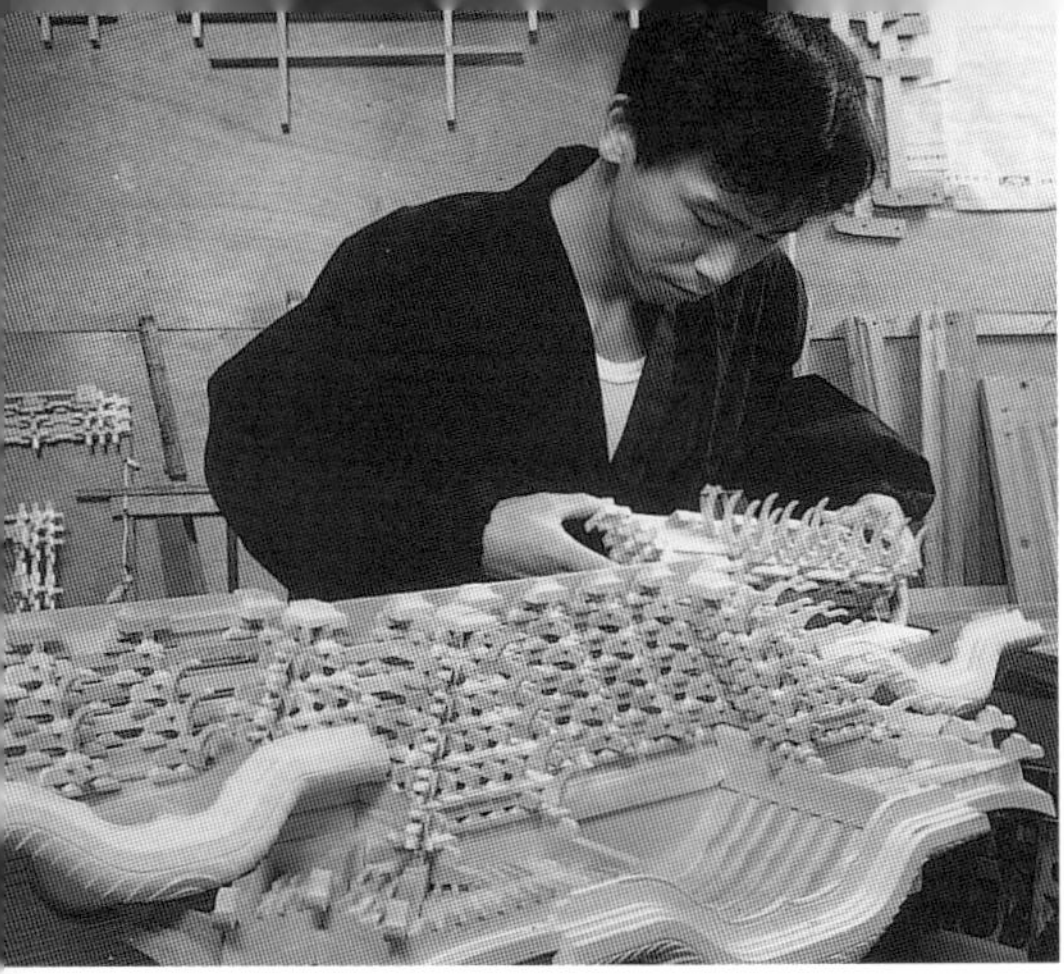

⬆宮殿師の作業のようす
仏壇の製造販売する商店が集中する「七曲がり」と呼ばれる地域は、曲折する道路が続き、外敵からの防御とされていた。全国で初めて伝統工芸の指定を受けた彦根仏壇は一貫したその製造過程が高く評価されている。

⬆湖東焼を始めた絹屋半兵衛宅
かつては内湖が近くまで迫り、この一帯は「御船入り」と呼ばれた。

⬆⬅旧町名を記した町名表示

⬆芭蕉句碑が建つ明照寺
弟子の李由が住職を務め、松尾芭蕉がしばしば訪れた。城下には、芭蕉とその弟子の足跡が残る。

⬆夢京橋キャッスルロード
彦根城中堀にかかる京橋は、1000石以上の武士と、中級以下の武士や商人、職人が暮らす界隈をつなぐ橋であった。この京橋から南へ350ｍの本町筋は、城下町の建設の時、最初に町割りされ、江戸時代もっとも賑わった。平成元年からはじまった道路拡幅事業にともない、城下町にふさわしいまちづくりが計画され、10年余を経て完成した。「OLD＆NEWTOWN」をテーマに、切妻屋根の町家風建物に統一され、喫茶店や食事処、土産物店など新しい観光名所として人気を集めている。

➡宗安寺
京橋通りにある浄土宗の寺。佐和山城大手門を移築した朱塗りの表門があることから通称「赤門」とよばれる。朝鮮通信使の正使・副使・従事官の宿泊所となり、当時贈られたと思われる高官の像が伝わる。

⬆彦根銘菓「埋れ木」
白あんを求肥（ぎゅうひ）でくるみ抹茶を加えた和三盆をまぶした「埋れ木」は彦根の銘菓として知られる。製造販売する「いと重」は文化６年（1809）創業、井伊直弼の茶の心を伝える和菓子に定評。

彦根藩と猫

夢京橋キャッスルロードのシンボルは「猫」。２代藩主井伊直孝が鷹狩りの帰りに大雨に出会い、雨宿りをしていた寺の奥で、猫が手招きをしたように見えた。直孝が猫の方に近づくと、間もなく先に休んでいた軒先に落雷した。すんでのところで助かった直孝は、猫のおかげであるとこの寺「豪徳寺」を井伊家の菩提寺にした。のちのちこの話から福を招く「招き猫」が誕生した。右手で招く猫は福をよび、左手の場合は商売繁盛を意味するといわれる。

※豪徳寺　東京都世田谷区の寺院

➡シンボルの猫のイラストを描いた切り絵作家の松風直美さん

➡全国各地の招き猫が揃う「招福本舗ハッピージャック」

⬆夢京橋あかり館
江戸時代から彦根藩に伝わる和そうそくを中心に、彦根を彩るさまざまな「あかり」を紹介するテーマ館。約500種類に及ぶキャンドルの展示販売や、オリジナルキャンドルづくりの体験工房などがある。彦根の観光情報発信基地となっている。

彦根を訪ねる

◇電車で　JR彦根駅から徒歩15分、彦根ご城下巡回バス運行中はJR彦根駅からバス彦根城下車（彦根城）
◇車で　名神彦根ICから10分（彦根城）

彦根城《ひこねじょう》

井伊直勝（直継）と直孝によって約20年の歳月をかけて築城され、姫路城などとともに現存する国宝のひとつに数えられる。元和８年（1622）の完成以来、戦災や天災、明治時代の廃城令を免れ、現在も琵琶湖を背景に35万石の威容を誇っている。
所彦根市金亀町　☎0749-22-2742
P330台（有料・大型可）

彦根城博物館《ひこねじょうはくぶつかん》

彦根城の政庁であった表御殿を発掘調査や古絵図をもとに復元。藩主が日常生活を営んだ奥向きや能舞台も当時さながらに復元され、建物自体が貴重な資料となっている。
所彦根市金亀町　☎0749-22-6100
時8:30～17:00（入館は16:30まで）
休年末　P330台（有料・大型可）

玄宮園《げんきゅうえん》

城の北東にある大池泉回遊式の旧大名庭園。ショウブやハスの名所としても知られ、国指定の名勝である。
所彦根市金亀町　☎0749-22-2742
P330台（有料・大型可）

埋木舎《うもれぎのや》

井伊直弼が17歳から32歳までの15年間、300俵の捨扶持の身を過ごした屋敷。直弼は、ここで心身の修練に努め、自らこの屋敷を「埋木舎」と名付けた。
所彦根市尾末町　☎0749-23-5268
休月曜日　P330台（有料・大型可）

いろは松《いろはまつ》

二の丸佐和口多聞櫓前の道に、中堀に沿って植えられた松。植えられた数が47本であったことから、いろは47文字になぞらえて呼ばれている。
所彦根市金亀町　☎0749-22-2742（彦根城）　P330台（有料・大型可）

旧西郷屋敷長屋門《きゅうさいごうやしきながやもん》

簡易裁判所の敷地内にある、3500石の彦根藩家老の屋敷の長屋門で、市内に残されている武家屋敷の中では最大の門。軒裏、出桁まで漆喰で塗り込め、どっしりとした雰囲気は、重厚な感じを与える。
所彦根市金亀町　☎0749-23-0001（彦根観光協会）　P330台（有料・大型可）

宗安寺《そうあんじ》

京橋通りにある浄土宗の寺。赤門と呼ばれる表門は佐和山城大手門を、本堂は江戸時代中頃に長浜城附属御殿を移築したもの。
所彦根市本町　☎0749-22-0801　◇JR彦根駅からバス本町下車すぐ　P５台

夢京橋キャッスルロード《ゆめきょうばしきゃっするろーど》

京橋から南西へ伸びる約350mの通りが、「OLD＆NEWTOWN」をテーマに、切妻屋根の町家風建物に統一され、喫茶店や食事処、土産物店などが軒を並べている。
所彦根市本町　☎0749-23-0001（彦根観光協会）◇JR彦根駅からバス本町下車すぐ　P20台（有料・大型可）

夢京橋あかり館《ゆめきょうばしあかりかん》

彦根藩に伝わる和ろうそくを中心に、彦根を彩るさまざまな「あかり」を紹介するテーマ館。約500種類に及ぶキャンドルの展示販売や、オリジナルキャンドルづくりの体験工房などがある。
所彦根市本町　☎0749-27-5501　時9:30～17:30　休火曜日（祝日の場合は翌日）、年末年始　P20台

芹川のケヤキ並木《せりかわのけやきなみき》

井伊直勝（直継）が彦根城築城の折、芹川をつけかえ、その時、堤防に沿ってケヤキの木々が植えられた。現在では巨木の並木が涼しげな樹影を地面に落とし、市民憩いの遊歩道として親しまれている。
所彦根市芹橋　☎0749-23-0001（彦根観光協会）◇JR彦根駅からバス芹橋下車すぐ　Pなし

清凉寺《せいりょうじ》

石田三成の重臣・島左近の屋敷跡に建立された井伊家の菩提寺で、歴代藩主が葬られている。
所彦根市古沢町　☎0749-22-2776
◇JR彦根駅から徒歩30分、彦根ご城下巡回バス運行中はJR彦根駅からバス龍潭寺下車　◇名神彦根ICから車で10分　P10台

龍潭寺《りょうたんじ》

井伊氏の始祖・藤原共保以来の井伊家の菩提寺。龍潭寺垣と呼ばれる竹垣が続く道を抜けると、禅寺らしいたたずまいの山門などが見えてくる。
所彦根市古沢町　☎0749-22-2777
◇JR彦根駅から徒歩25分彦根ご城下巡回バス運行中はJR彦根駅からバス龍潭寺下車　◇名神彦根ICから車で10分　P30台

大洞弁財天《おおほらべんざいてん》（長寿院《ちょうじゅいん》）

彦根城の鬼門にあたるため、藩主が信仰していた弁財天を祀った。大洞弁財天と呼び親しまれている。万一城が落ちたときに仮の城としての軍事的な役目があったという。
所彦根市古沢町　☎0749-22-2617
◇JR彦根駅から徒歩30分、彦根ご城下巡回バス運行中はJR彦根駅からバス龍潭寺下車　◇名神彦根ICから車で10分　P15台

天寧寺《てんねいじ》（五百羅漢《ごひゃくらかん》）

城下町を一望できる丘の上にある曹洞宗の寺。秋になると萩の花が咲き、別名「萩の寺」とも呼ばれる。寺内には木造五百羅漢がある。
所彦根市里根町　☎0749-22-5313
◇JR彦根駅からバス天寧寺口下車徒歩３分　◇名神彦根ICから車で３分
P20台

彦根ご城下巡回バス《ひこねごじょうかじゅんかいばす》

昔懐かしいボンネットバス（昭和41年製）がJR彦根駅からスタートして、彦根城、佐和山、彦根港、夢京橋キャッスルロードなど、彦根の観光名所をぐるりと回る。

☎0749-25-2530（近江鉄道彦根バス営業所）

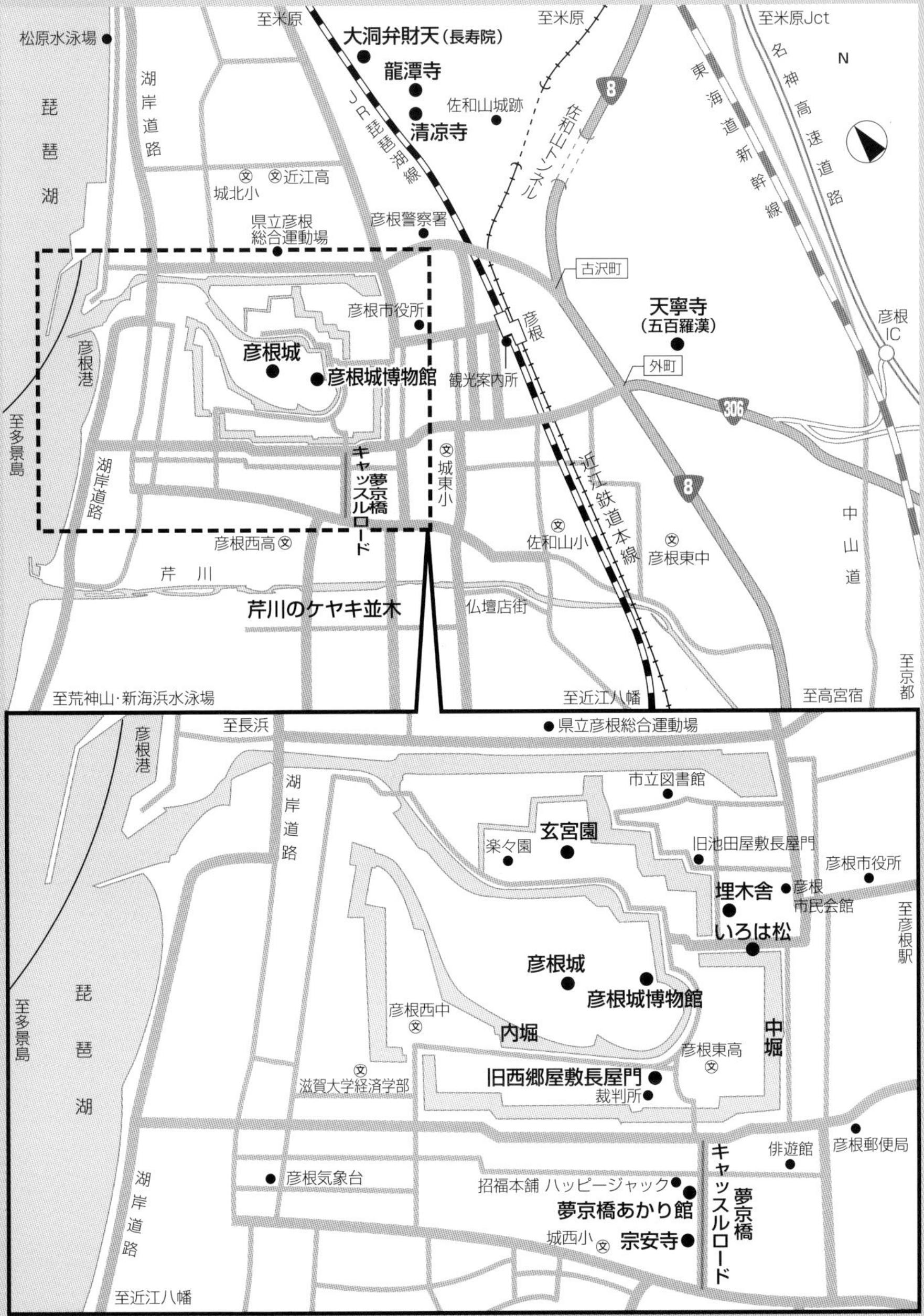
松原水泳場
至米原
大洞弁財天（長寿院）
龍潭寺
清涼寺
佐和山城跡
至米原
至米原Jct
名神高速道路
N
東海道新幹線
佐和山トンネル
8
琵琶湖
湖岸道路
JR琵琶湖線
城北小
近江高
県立彦根総合運動場
彦根警察署
古沢町
天寧寺
（五百羅漢）
彦根IC
彦根市役所
彦根
彦根港
彦根城
彦根城博物館
観光案内所
外町
306
至多景島
キャッスルロード
夢京橋
城東小
近江鉄道本線
8
湖岸道路
中山道
佐和山小
彦根東中
彦根西高
芹川
芹川のケヤキ並木
仏壇店街
至京都
至荒神山・新海浜水泳場
至近江八幡
至高宮宿
至長浜
県立彦根総合運動場
彦根港
湖岸道路
市立図書館
玄宮園
楽々園
旧池田屋敷長屋門
彦根市役所
埋木舎
彦根市民会館
至彦根駅
いろは松
彦根城
彦根城博物館
彦根西中
内堀
中堀
彦根東高
琵琶湖
至多景島
旧西郷屋敷長屋門
裁判所
滋賀大学経済学部
俳遊館
彦根郵便局
彦根気象台
招福本舗 ハッピージャック
夢京橋あかり館
城西小
宗安寺
キャッスルロード
夢京橋
湖岸道路
至近江八幡

安土《あづち》

⬆平成元年から始まった安土城跡調査整備事業で整備された築城当時の大手道は、幅６～７ｍ、両側には溝が付き石塁が立ち上がり伝徳川邸まで180mの直線に通じ、ここからはジグザグに急斜面を上がる。信長が天皇を迎える計画のためにこのような道をつくったと考えられている。

信長が天下統一への強固な意志と限りない理想を求めて築城した安土城。黄金にきらめく5層の天主が琵琶湖に映えると讃えられた。そしてわずか10年後、灰燼《かいじん》に帰した。安土城とその城下町には、信長が追い求めた理想が見え隠れしている。

⬅未使用と考えられる金箔瓦
城郭に初めて瓦を使った信長は、さらに瓦に金箔を施していた。安土城のほか岐阜城、松ヶ島城、神戸（かんべ）城という信長の子息たちの城に限って金箔瓦の使用を許可し、金箔瓦を権力の象徴としていた。（安土城郭調査研究所蔵）

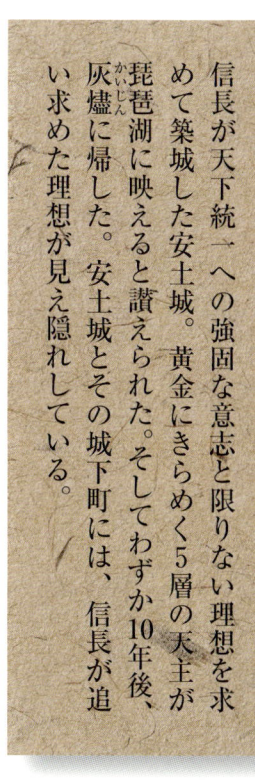

⬆空から見る安土山全景。写真手前の道が下街道、左手の集落が城下町の一部。（安土城郭調査研究所提供）

幻の安土城が今よみがえる

天下布武の拠点として

元亀元年（１５７０）姉川の合戦に勝利した信長は、天正元年（１５７３）には将軍足利義昭を追放し、その後武田軍を破ると、いよいよ天下統一に向かう。天正4年（１５７６）には「安土」と地名を定め、天下布武の拠点を置くことを宣言した。そして、琵琶湖内湖に半島のように突き出た安土山に地上5層7階の天主が燦然と出現した。

城の西側には摠見寺《そうけんじ》を建立し、天主と寺院が並ぶヨーロッパの城郭の様式をとりいれている。まもなく竣工という年の夏、盂蘭盆会《うらぼんえ》には天主をはじめ、すべての建物に提灯《ちょうちん》を吊るし、内湖や堀に船を浮かべ提灯と松明《たいまつ》をいっせいにともして幽玄の世界を演出したという。さらに翌年の正月には城内を一般公開して入場料として町人から１００文を徴収した。これらいかにも信長らしいユニークな発想で城の完成へのセレモニーを展開している。

新しい都市づくり、国づくりのシンボルとして安土城を築いた信長は、安土山やその周辺に武将の邸宅を構え、ここで妻子とともに住むことを求める一方、城下町には周辺の商工業者の移住を促すための13ヶ条の掟を出している。つまり経済政策を重視したのである。

その首都構想は戦火のなかも着々とすすめられたが、築城後

⬇発掘調査によって推定復元された伝羽柴秀吉邸建物群のCG（安土城郭調査研究所提供）
伝羽柴秀吉邸は、大手道をはさんで伝前田利家邸と対峙し、敷地面積は5000㎡。

⬇築城と同時に創建された摠見寺は安土城炎上での類焼を逃れたものの、嘉永７年（1854）の火災で大部分が焼失した。延焼を逃れた裏門は能登川町にある超光寺に移築され、当時の姿を今に伝える。（安土城郭調査研究所提供）

わずか3年、本能寺の変によって信長の夢と城はともに消えた。

天主の一部を原寸大で復元

それから４１０年後、平成元年から、20年計画で安土城跡の調査整備事業がはじまり、次第にその全容が判明してきた。

主郭部の発掘調査では、一段と低いところの伝本丸《ほんまる》跡は、周囲を石垣で囲われた広い空間が京都御所の清涼殿と同様の構造であることが判明し、『信長公《しんちょうこう》記《き》』に記された「御幸の間」の存在が裏付けられた。

現在、大手道は調査結果に基づき天主に続く道の整備が完成している。

一方、原寸大で復元された天主の5、6階部分は「安土城天主信長の館」に公開展示されている。狩野永徳の障壁画も再現され、４００年余の時を経てよみがえった。

大手道をはじめ家臣団の住居跡とされる場所の復元がすすむ城内を巡り、整然と並ぶ天主跡の礎石を見つめ、ふと眼下に広がる西の湖に目を向けると、果てしない夢を見つづけていた信長に出会えるような錯覚を覚える。近世城郭の始まりといえる安土城の周辺は、強固な守りを誇った観音寺城跡や、豊臣秀次《ひでつぐ》の居城八幡城跡など戦国のロマン探訪の格好の場所となっている。

⬆天主跡の礎石列

⬆百々橋（どどばし）口
武将たちの登城に使われた表道だが、町衆もここから城内に入ることができた。

⬆信長の一周忌に羽柴秀吉が伝二の丸に建てた信長廟所

➡「安土城天主信長の館」内に展示されている復元天主の5、6階部分
1992年のセビリア万博に出展された後、ここで公開展示されている。
黄金に輝く天主のすばらしさには圧倒される。（ⓒ内藤昌・安土町提供）

⬆浄厳院の近くに広がるコスモス畑

⬆安土城築城以前からあった活津彦根神社に続く道

⬆安土城内の石垣天主付近

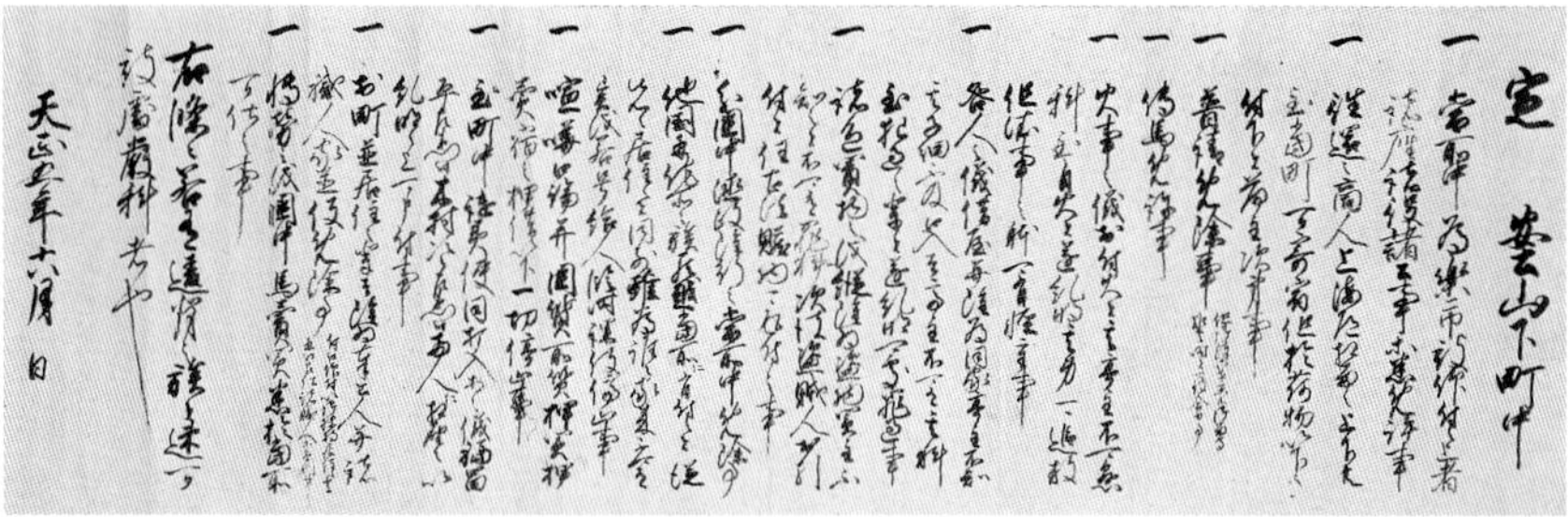

⬆安土山下町中掟書　重要文化財（近江八幡市蔵）
信長が城下町に出した掟書。安土城下町のようすがうかがえる基本資料のひとつ。

信長の城づくり、まちづくり

安土城の築城

戦国武将にとって京都に入り、天下の覇者となることが大きな夢であり、その実現に向かって今川義元、武田信玄、上杉謙信そして織田信長と東国の武将が京に歩を進めた。東国から京都に入るのは、いずれの道を通っても近江の地を避けることができず、近江が上洛のルートであった。

信長の死後、秀吉も家康も近江国の重要視したことは彼らの大名配置を見てもわかり、安土築城の前、湖東平野には佐々木六角氏の居城・観音寺城が観音寺山にあった。信長は観音寺山の尾根である安土に築城を決めた。当時、琵琶湖を取りまく内湖群に囲まれた安土山を中心に、琵琶湖を取りまく軍事的なネットワークを広げる構想をもったらしい。

新しい城下町づくり

安土城の築城と同時に始まった城下町の建設は、近世城下町の始まりとして高く評価される。天正5年（1577）に城下町に出した「安《あ》土山《づちさん》下町中《げちょうちゅう》掟書《おきてがき》」では、楽市楽座を宣言し、城下町での商工業の自由を保障し、東山道を通る商人を安土に寄宿することを推奨し、城下へのルートの整備を行った。また住民に対する負担を低減することや、城下町での安全保障、治安維持をうたい、住民を優遇し安全を保障することで城下町

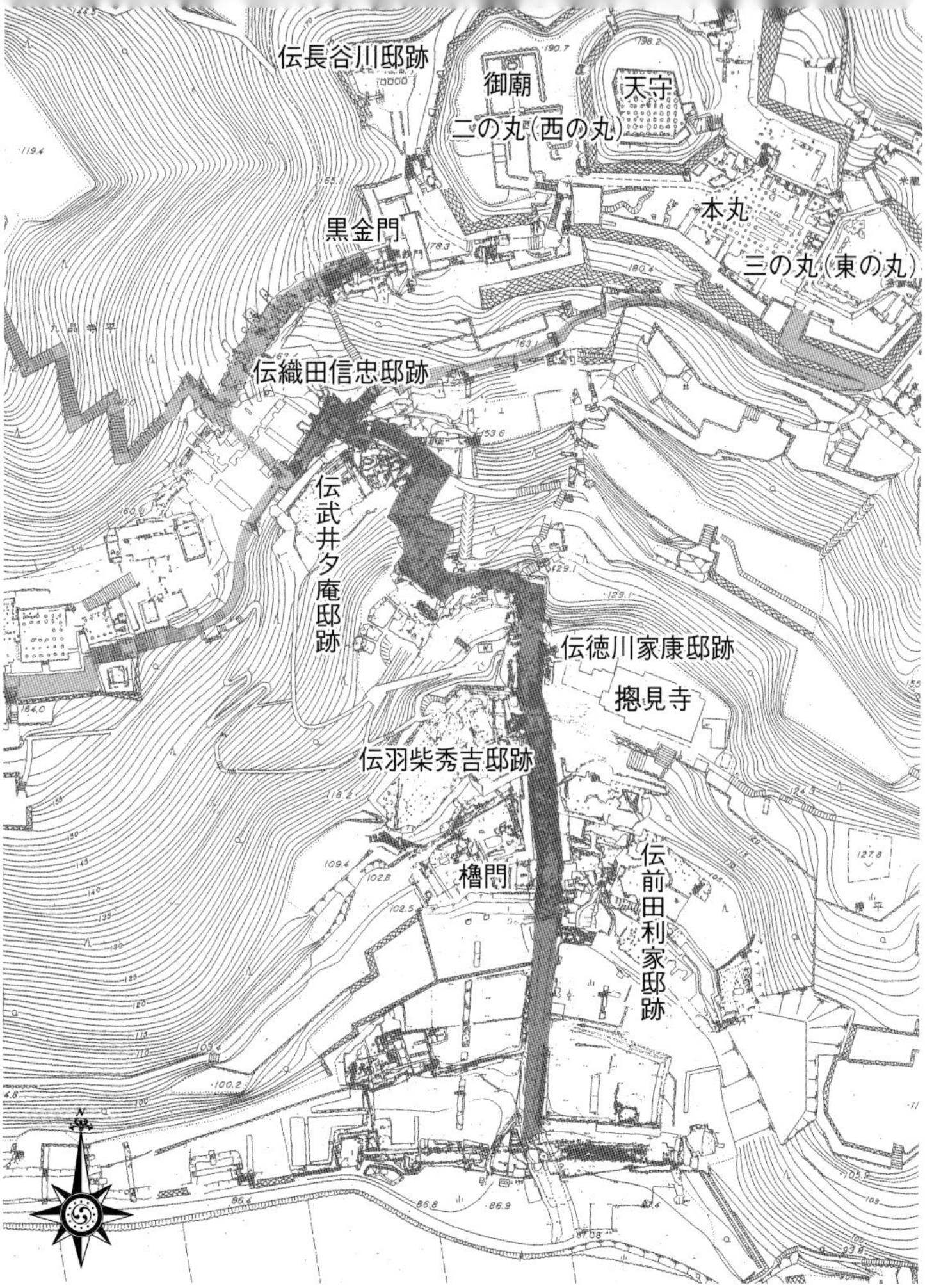

➡城内図（安土城郭調査研究所提供）

に人を集めようとした。

ところが、城の建設がすすんでも一向に岐阜から移住しない家臣たちがなお多く、業を煮やした信長は、岐阜で留守宅が火災になったことを口実に、妻子を残していた家臣たちに早く移住するように命じている。信長は新しい町への経済発展の思いが強かったのである。

信長が城下町と考えた地域は、約4キロメートル四方の地域に広がり、町人や職人だけでで、6000人ほどが住んでいたとされる。従来からあった豊浦荘、佐佐木荘という大きな集落は周囲に水路を巡らされていたが、信長は新旧住人を区別することのないような配慮を掟に示し、中世集落をリニューアルしながら新しい城下町づくりをすすめてきたのである。

⬆城と城下をつなぐ百々橋近くに建ち並ぶ白壁の民家

➡登城に利用した百々橋
ここからは町衆も城下に入ることができた。

➡常浜界隈
室町時代、観音寺城の港として栄えた常楽寺港跡。昭和の初めまでは琵琶湖に航路をもつ蒸気汽船が寄港していた。

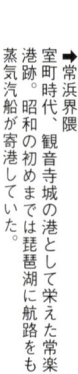

➡寺内浜に残る石垣

西《にし》の湖《こ》に面した常楽寺港は、琵琶湖で漁をする船が出入りして賑わった。常浜付近では今も新鮮な湖魚を商う店が点在する。かつては淡水真珠の養殖も盛んであった。

➡城下町当時の掘割がわずかに残る。

➡北川のそばの延命地蔵
地元の人たちがあたたかく見守っている。

➡桑実寺からの道すがら、城下町が一望できる。彼方には西の湖の湖面が光る。

⬇行安寺観音堂の観音像

城下町安土は「水の町」

港町として栄えた常浜

安土の旧城下町で、梅の川、北川などの湧水に恵まれた地域には、寺内《じない》という小字名が残り、信長の時代には寺院が多く建っていたと想像できる。室町時代に観音寺城外港であった常楽寺港の船溜りに残る石垣が往時を偲ばせる。常楽寺という大字名は沙沙貴《ささき》神社の神宮寺である常楽寺があったことに由来するが、戦国時代に寺は焼失した。

城下町や港ができる前から、宿場としての機能をもっていた。昭和の初めまでは、この港へ琵琶湖に定期航路をもつ蒸気船が寄航していた。「北川のわき水」や「梅の川」などの湧水は、いまも清らかな豊かな水をたたえ、人々の暮らしに息づく。常浜《じょうはま》界隈では調理された湖魚が店頭を賑わせている。茶の湯を楽しんだ信長は、「梅の川」の湧水を愛飲し、また摠見寺の茶会には必ず使用されたと伝わる。

会勝寺の観音様

安土城への登城道として唯一の城内路が、百々橋《どどばし》口道である。安土山と城下町を隔てる堀割にかかる百々橋に由来する名称で石段は後世に改修されている。

百々橋口道の入口には「安土城址」と大書された石碑がたち、石段を挟んだ高台に会勝寺《えしょうじ》がある。桑実寺末寺だった天台宗の

➡旧街道にある醤油屋の桶
水がいいことから盛んに醸造が行われたのであろう。

会勝寺観音堂には、重要文化財の木造千手観音立像（秘仏）が安置され、毎年1月17、18日には、本尊の前に繭玉をささげ養蚕が豊かになることを祈願している。またこの観音様は火防《ひぶせ》観音としても信仰されている。

百々橋がかかる堀割は、今も人々の暮らしの中で息づき、周囲はのどかな、ゆったりとした空気が流れている。

⬅瓢箪山古墳
4世紀につくられた滋賀県下最大の前方後円墳。被葬者は在地勢力を抑制する勢力を持っていたと考えられている。

⬆桑實寺
西国薬師霊場の第46番札所。白鳳６年（691）、天智天皇の勅願によって創建。初代定恵和尚が唐から桑の実を持ち帰って養蚕を始めたとされることから、この名がついた。寺に伝わる「桑実寺縁起絵巻」は国の重要文化財。

⬆県立安土城考古博物館
弥生時代から古墳時代の考古資料と生活様式の再現のほか、安土城と織田信長、近江の歴史に関する資料が豊富に揃う。

⬆安土セミナリヨ跡
安土城完成後、信長はセミナリヨ建設のために最良の土地を与えた。オルガンの音が流れ、異国情緒豊かな雰囲気に包まれていたと伝わる。

⬆観音正寺
西国三十三所観音霊場の第32番札所。平成16年に落慶した本堂と、台座を含めて６ｍの本尊。（撮影：寿福滋）

⬆教林坊

⬆沙沙貴神社

安土を訪ねる

◇電車で　JR安土駅から徒歩25分（安土城跡）
◇車で　名神竜王ICから20分または彦根ICから40分（安土城跡）

安土城跡《あづちじょうあと》

織田信長が約３年の歳月をかけて完成した城で、金箔を施した瓦をはじめ、贅を尽くした絵画装飾で彩られた５層７重の天主をもつ、絢爛豪華な城郭だったと伝えられる。20年をかけて発掘調査や復元がすすむ。
所安土町下豊浦　☎0748-46-4234（安土町観光案内所）　P150台（花見時期のみ有料・大型可）

摠見寺跡《そうけんじあと》

安土城跡本丸西部にあり、三重塔と楼門（二王門）が築城当時の姿を残している。

会勝寺《えしょうじ》

百々橋近くにあり、本尊の千手観音立像は国の重要文化財。
所安土町下豊浦　☎0748-46-4234（安土町観光案内所）　P５台

文芸の郷・安土城天主 信長の館《ぶんげいのさと・あづちじょうてんしゅのぶながのやかた》

スペインのセビリア万博で日本館のメインとして出展された安土城天主の最上部５・６階部分を町が譲り受け展示。信長の館周辺には音楽ホール「文芸セミナリヨ」などがあり、これら施設の総称が「文芸の郷」。
所安土町桑実寺　☎0748-46-6512
時９:00～17:00（入館は16:30まで）
休月曜日（祝日を除く）・祝翌日（土日を除く）・年末年始　◇安土駅から徒歩25分　P300台（大型可）

県立安土城考古博物館《けんりつあづちじょうこうこはくぶつかん》

屋外には国の重要文化財である「旧宮地家住宅」、県指定文化財「旧柳原学校校舎」などが移築されている。
所安土町下豊浦　☎0748-46-2424
時９:00～17:00（入館は16:30まで）
休月曜日（祝日を除く）・祝翌日（土日を除く）・年末年始　◇JR安土駅から徒歩25分　P50台（大型可）

安土町城郭資料館《あづちちょうじょうかくしりょうかん》

中世の安土に関する資料を中心に集めた資料館。20分の１のスケールで再現した安土城の模型のほか、天正少年使節が信長より託された屏風絵をローマ法王に献上するまでの行程を描いた「屏風絵風陶板壁画」や、信長の時代を中心に集められた資料からなる「安土文庫」がある。
所安土町小中　☎0748-46-5616　時９:00～17:00（入館は16:30まで）
休月曜日（祝日を除く）・祝翌日（土日を除く）・年末年始　◇JR安土駅から徒歩１分　P20台

あづち信長まつり《あづちのぶながまつり》

例年６月第１日曜日に開催され、千人バーベキューや野点茶会、楽市楽座など、趣向を凝らした催物が行われる。会場は、年ごとに変わる。

☎0748-46-2389（安土町商工会）
◇JR安土駅下車

観音寺城跡《かんのんじじょうあと》

繖山（観音寺山）に築かれた近江源氏佐々木六角氏の居城で、全山を城域とし、山城としては日本一の規模を誇るといわれている。
所安土町石寺　☎0748-46-4234（安土町観光案内所）　◇観音正寺から徒歩５分

観音正寺《かんのんしょうじ》

聖徳太子が人魚の哀願によって寺を開いたと伝わる。西国三十三所観音霊場32番札所。平成５年に本堂が焼失したが、平成16年に本堂と高さ約６mの総白檀の本尊が落慶。
所安土町石寺　☎0748-46-2549　◇JR安土駅から登り口まで徒歩40分　◇竜王ICから車で30分（山の中腹まで林道あり）P10台（有料）

桑實寺《くわのみでら》

西国薬師霊場の第46番目に数えられている。白鳳６年（691）、天智天皇の勅願によって創建された由緒ある寺院で、初代定恵和尚が唐から桑の実を持ち帰って養蚕を始めたことから、この名がついたといわれる。
所安土町桑実寺　☎0748-46-2560
◇JR安土駅から徒歩30分　◇名神竜王ICから車で30分

沙沙貴神社《ささきじんじゃ》

少彦名神・大毘古神・仁徳天皇・宇多天皇・敦美親王の５柱を祀り、近江源氏佐々木氏の氏神として栄えた。豪壮な茅葺きの楼門をくぐると、社殿が建ち並び、佐々木氏の家紋である「四つ目」が神紋として棟に刻まれている。
所安土町常楽寺　☎0748-46-3564
◇JR安土駅から徒歩15分　P30台

浄厳院《じょうごんいん》

近江源氏佐々木六角氏の菩提寺であった慈恩寺の旧地に、織田信長が安土城築城とともに創建し、近江・伊賀両国の浄土宗総本山としたのが始まり。境内には、入母屋造の楼門や近江八幡から移された本堂・釈迦堂・鐘楼などが建ち並び、本堂には、本尊木造阿弥陀如来像が安置されている。
所安土町慈恩寺　☎0748-46-2242（本堂拝観は要予約）　◇JR安土駅から徒歩10分　Pなし

教林坊《きょうりんぼう》

繖山の観音正寺にかつてあった三十三坊で現存する唯一の坊。竹林にひっそりとたたずむ茅葺きの庫裏、小堀遠州作と伝えられる池泉鑑賞式の庭園は古刹の名にふさわしい趣をみせる。特に晩秋の紅葉が見事。
所安土町石寺　☎0748-46-5400（要問い合わせ）　◇JR安土駅から徒歩40分

N
西の湖
安土城跡
安土山
会勝寺
摠見寺跡
至彦根
JA
フレンドマート
常楽寺港跡
至近江八幡
安土小
観光案内所
JR琵琶湖線
安土
県立安土城考古博物館
安土町城郭資料館
文芸セミナリヨ
安土城天主 信長の館
浄厳院
桑實寺
安土町
沙沙貴神社
繖山
（観音寺山）
瓢箪山古墳
観音寺城跡
観音正寺
安土中
安土町役場
図書館
教林坊
至京都
石寺楽市
東海道新幹線
8
西生来
至米原
奥石神社
老蘇の森
老蘇小
東近江市
近江八幡市
至岩戸山十三仏

長浜

ながはま

大通寺《だいつうじ》の門前町、北国街道《ほっこくかいどう》の宿場町・港町であった長浜は、秀吉が天下人へのスタートを切った城下町でもある。
秀吉ゆかりの寺社や界隈のたたずまいのなかに、その歴史が色濃く残る。

➡木造　豊臣秀吉坐像（知善院蔵）
曽呂利新左衛門作と伝わり、大坂城内の天守閣に安置されていた。大坂夏の陣での落城の時に侍女が持ち出し、長浜の知善院に供養を依頼したという。

⬆昭和58年に安土桃山時代の城郭を模して、高さ34m、２層の屋根に望楼をのせた３層５階の昭和の新城が完成。内部は市立長浜城歴史博物館として、秀吉をはじめ石田三成、小堀遠州など長浜ゆかりの人物や、湖北・長浜の歴史、文化を紹介している。

➡豊国神社
徳川の時代にも、町衆が秀吉を祀り続けた。境内には加藤清政の像があり、近くには、竹中重門著『豊鑑』の一節を引いた開町記念碑もある。

秀吉の長浜城築城

天然の要塞「長浜」

元亀元年（1570）、姉川の合戦で浅井氏の砦《とりで》、横山城を落として勝利に導いた秀吉は、3年間の対峙ののち、天正元年（1573）ついに小谷《おだに》城を陥落させて浅井氏を滅亡に導いた。武功により信長から浅井領12万石を拝領した秀吉は、初めて一国一城の主となった。当時の長浜は「今浜」といい、古くは京極《きょうごく》氏の砦があり、湖岸は水郷地帯のように水路がめぐる天然の要塞であった。秀吉はここを「長浜」と改名し、築城にとりかかった。秀吉には、信長が構想する湖上ネットワークの拠点にもなるだろうという考えもあったのだろうか。

城づくりに必要な材木は小谷城、虎御前山《とらごぜんやま》砦のものが転用されたと考えられる。築城は天正2年から1年の月日をかけて、外堀・内堀ともに天然の水路を利用した。完成後、小谷から入城した秀吉は小谷の寺院をはじめ商家にも集団移住を促し、その他周辺にあった市場も長浜に移した。

城下町の建設と同時に、楽市《らくいち》楽座《らくざ》の令を出し、寺社の所領安堵、職人の諸役免除、町屋敷年貢免除など、自由商業地としての都市基盤を整えた。一方、庶民の芸能振興にも腐心し、秀吉に男子が出生すると内祝いとして町民に金子《きんす》をふるまった。こ

➡JR長浜駅前に立つ「三献の茶」の像
石田三成と秀吉の出会いのようすをモチーフにしている。

⬇徳勝寺の浅井３代墓所
秀吉の長浜城築城の時に小谷から移築され、浅井３代とお市の方の木像、長政自刃の短刀とともに秀吉が播磨（兵庫県）の書写山から移した本尊の薬師如来像が安置されている。

⬇城下町の名残りをとどめる「馬つなぎ石」

れを基金に町民は山車《だし》（曳山《ひきやま》）を建造し、長浜八幡宮の例祭に曳いたことが、毎年華やかに繰り広げられる長浜曳山まつりの始まりである。

　天正三年（1575）に完成した長浜城は、40年後には廃城となり、石垣や柱、瓦は彦根城に移築された。

よみがえった長浜城

明治になって散乱していた石を積み直して整備された豊公園《ほうこうえん》は、市民の憩いの場所となっている。昭和53年になって長浜市が民俗資料館の建設を計画すると、たちまち市民のなかに城郭型資料館建設の機運が高まり、昭和58年、市制40周年を記念して現在の長浜城が再興された。

　その後、北国街道沿いの「黒壁」を中心とするまちおこしに成功した長浜にとって、この秀吉の城の再興は重要な契機であった。

⬆舟板塀が続くまちなみ
市内には碁盤の目状に道が走り、その中心が京と越前を結ぶ北国街道。舟板塀の町家や商家が続きレトロなガス燈が灯る古いまちなみには、長浜の歴史と繁栄を見ることができる。

➡妙法寺の秀勝廟
妙法寺は秀吉の命によって小谷城下から長浜に移転された日蓮宗の寺院。境内の奥にあった秀吉の子「秀勝」の墓所が現在地に移転されたと伝わる。発掘調査の結果、安土桃山時代の大名家のものであり「朝覚」の墓であることが判明したが、秀勝と朝覚が同一人物であるかどうかは今後の研究の成果を待たなければならない。旧墓所は長浜市の史跡に、墓石は文化財に指定されている。（市立長浜城歴史博物館提供）

←長浜曳山まつり
秀吉の男児誕生祝いにふるまわれた金子で、町民が12基の山車を造営したのが始まり。例年4月中旬、曳山の舞台では「子ども歌舞伎」が演じられ、大人顔負けの熱演に見物客から拍手喝采が起こる。昭和54年、国の重要無形民俗文化財に指定された。（長浜市提供）

➡夕渡り
舞台方や役者は扮装のまま、曳山を残して長浜八幡宮から町内まで行列をつくって帰る。（長浜市提供）

長浜城の歴代城主

➡ＪＲ琵琶湖線坂田駅前に立つ、長浜城主だった山内一豊と妻千代の像

長浜城の築城とともに自由商業地としての都市基盤を整えた秀吉は、この間も各地へ転戦しており、城主としての期間はわずか7年にすぎなかった。短い期間ではあったが、秀吉の善政を慕う町衆の思いが史料に残っており、現在に至るまで長浜の人たちの間には熱い秀吉信仰が存在している。

天正10年（1582）信長亡きあとの清洲《きよす》会議で長浜城は柴田勝家の甥の勝豊が城主となったが、すぐその年の11月、勝豊を降服させた秀吉は長浜城を取り返して賤ヶ岳《しずがたけ》合戦の拠点とし、戦に勝利した。

戦後に城主についたのが、山《やま》内一豊《うちかずとよ》で、天正13年（1585）から同18年までの5年間在城した。一豊の妻・千代は長浜に近い坂田郡飯村《いむら》（米原市飯）の出身で、司馬遼太郎著『功名が辻』のヒロインのモデルとして知られる。

一豊が小田原の陣の戦功で遠州（静岡県）掛川城主になった後は、長浜城は次第に荒廃していった。慶長10年（1605）家康の異母弟内藤信成が城主となり、大改修を行なう。その子信正が跡を継ぐが、元和元年（1615）摂津（兵庫県）高槻城へ移封され、元和の一国一城令で長浜城は廃城となった。

長浜城の石垣や柱、瓦などは、一部は大通寺台所門や知善院表門になり、それ以外の大半が彦根城の築城に使われた。彦根城の天秤櫓《てんびんやぐら》は長浜城の遺構と伝わる。琵琶湖岸にある城の井戸跡とされる太閤井戸にわずかに当時が偲ばれる。

国友一貫斎と小堀遠州

⬆小堀遠州出生地の小堀新介屋敷跡

⬆国友一貫斎宅

鉄砲の村の技術者・国友一貫斎

大通寺から通称「長浜街道」といわれる街道を北上すると、信長・秀吉・家康と、時の実力者の庇護《ひご》を受けた日本最大の鉄砲生産地の国友《くにとも》に入る。鍛冶《かじ》師の村・国友の中心には「国友鉄砲の里資料館」があり、国友の歴史と鉄砲づくり、国友の村のようすを紹介している。

命中率の高さを誇り短期量産が可能であった国友の鉄砲は、高く評価されていた。当然、技術の用途は鉄砲のみにとどまっていなかった。日本初の反射望遠鏡をつくり、月面のクレーターや太陽の黒点観察を行った国友一貫斎《いっかんさい》を生み出した。江戸時代の科学技術の先端を担った一貫斎をはじめ、国友の人々は時代の変遷にともなう技術の転換に柔軟で、その後には、飾り金具や刀装具など、工芸的な優品を多く産出している。

江戸のテクノクラート・小堀遠州

大通寺から伊吹山方面に向かう街道の途中に小堀《こぼり》という集落があるが、ここは遠州《えんしゅう》流の始祖であり、造園家として知られる幕府のテクノクラート（技術官僚）小堀遠州の生誕地である。坂田郡小堀村に生まれた遠州は、父正次に従い但馬出石、大和郡山、そして備中松山に移り、正次の死去で松山城主を相続。以後幕府の普請奉行、作事奉行として名古屋城、大坂城、二条城内裏などの建設工事にたずさわった。※ブルーノ・タウトは、遠州が設計した京都大徳寺孤篷庵《こほうあん》は日本文化の最高傑作と称賛した。遠州は茶道・華道に秀で、古田織部に学び、独特の感性で「きれいさび」の世界を築いた。浅井町の「近江孤篷庵」は遠州の子・正之が父の菩提寺として建立し、自然の山の傾斜をうまく生かしている。

※註　ブルーノ・タウト：1880～1938。ドイツの著名な建築家。1933年に来日。

↑種子島鉄砲隊による火縄銃の演武

長浜出世まつり

足軽から出世して太閤にまでのぼりつめた豊臣秀吉にちなんだ催事として、例年10月から11月にかけて市内一帯で繰り広げられる。とりわけ「長浜きもの大園遊会」は華やかで、全国から約1500人の女性が参加し、艶やかな着物姿でまちなかをそぞろ歩く。さらに国友町の鉄砲研究会と種子島鉄砲隊による「火縄銃大会」や、曳山の山車の特別公開、武者行列の「豊公まつり」、全国から芸術家が集う「アート・イン・ナガハマ」などが開催され、多くの観光客で賑わう。

→長浜出世まつり「豊公まつり」長浜城前に勢ぞろいし、市内を練り歩く。

⬆長浜盆梅展
浅井町の故高山七蔵翁が40年にわたって収集・育成した梅の古木を、昭和26年に長浜市に寄贈したのをきっかけに始まった梅の古木の盆栽展。例年１月中旬から３月中旬にかけて開催され、２m以上の巨木や樹齢400年を超す古木など、ほかでは見られない銘木が慶雲館の館内外に展示される。

⬅長浜出世まつり「長浜きもの大園遊会」
江戸時代後半から湖北を中心として浜縮緬の生産が盛んで、長浜の重要な産業であった。全国から約１５００人の女性が参加するイベントとして、昭和59年から開催。琵琶湖畔から市街地を散策したあと、大通寺で豪華景品が当たる抽選会に参加できる。

長浜を訪ねる

◇電車で　JR長浜駅から徒歩８分（長浜城歴史博物館）
◇車で　北陸道長浜ICから15分（長浜城歴史博物館）

長浜城歴史博物館（長浜城跡）《ながはまじょうれきしはくぶつかん（ながはまじょうあと）》

秀吉が城主であった城は江戸時代に廃城となったが、昭和58年に再興。内部は博物館となり、秀吉・三成・遠州・一豊など湖北ゆかりの人物や、長浜の歴史・文化を紹介。５階のパノラマ展望台からは琵琶湖と湖北一帯が望める。
所長浜市公園町　☎0749-63-4611
時9:00〜17:00（入館は16:30分まで）
休年末年始　P150台（大型可）

豊国神社《ほうこくじんじゃ》

秀吉没後、長浜の町民がその遺徳を偲んで建立。江戸時代には恵比寿神を祭神として、幕府の目をそらせた。明治31年、秀吉300回忌に社殿を造営して現在の社容が整った。
所長浜市南呉服町　☎0749-62-4838
◇JR長浜駅から徒歩３分　P市営駐車場1000台（大型可、有料）

知善院《ちぜんいん》

長浜城の築城と同時に、秀吉が小谷から長浜に移し、鬼門を守らせたといわれる寺。大坂城落城の際に持ち出された秀吉の木像が安置されている。
所長浜市元浜町　☎0749-62-5358
P市営駐車場1000台（大型可、有料）

慶雲館《けいうんかん》

明治時代、長浜の豪商・浅見又蔵が、明治天皇行幸に合わせ、私財を投じて建設した迎賓館。例年１月中旬〜３月中旬には「長浜盆梅展」の会場として多くの観光客で賑わう。
所長浜市港町　☎0749-62-4111（長浜観光協会）　時９:30〜17:00　休盆梅展期間の前後　◇JR長浜駅から徒歩３分　P市営駐車場1000台（大型可、有料）

北国街道安藤家《ほっこくかいどうあんどうけ》

明治時代に建てられた近代和風建築で、北大路魯山人が幾度となく逗留した。ゆかりの品も多く、１階和室で魯山人の刻字看板を展示しているほか、離れの「小蘭亭」の天井絵や襖絵などを年に数回特別公開している。
所長浜市元浜町　☎0749-62-0742
時9:30〜18:00（11月から３月は17:00まで）　休年末年始　◇JR長浜駅から徒歩３分　P市営駐車場1000台（大型可、有料）

黒壁スクエア《くろかべすくえあ》

北国街道と大手門通りとの交差点「札の辻」は、古くから長浜の中心地。明治33年、第百三十銀行が建てられ、壁が黒塗りであったことから「黒壁銀行」の愛称で親しまれた。平成になって「黒壁１號館・黒壁ガラス館」としてオープン。周辺にできた施設とあわせて「黒壁スクエア」として賑わっている。
所長浜市元浜町　☎0749-65-2330
時10:00〜18:00（4〜10月）、10:00〜17:00（11〜3月）　休年末　◇ＪＲ長浜駅から徒歩５分　P市営駐車場1000台（大型可、有料）

曳山博物館《ひきやまはくぶつかん》

市内随所に見られる曳山まつりの山車を収納する山車倉。毎年、春の祭りが終わるとその年に出番を務めた山車２基が曳山博物館に収納され、年中その勇姿を見ることができる。
所長浜市元浜町　☎0749-65-3300
時９:30〜17:30（入館は17:00まで）
休年末年始　◇ＪＲ長浜駅から徒歩５分　P市営駐車場1000台（大型可、有料）

大通寺《だいつうじ》

真宗大谷派（東本願寺）の別院で、一般に「長浜御坊」の名で親しまれている。伏見桃山城の遺構と伝わる本堂や大広間、長浜城の追手門を移築した脇門（薬医門）など建造物の多くが国あるいは市の重要文化財に指定されている。また、狩野山楽・山雪・岸駒らによって描かれた襖絵や、国の名勝に指定されている庭園など見どころが多い。
所長浜市元浜町　☎0749-62-0054
◇JR長浜駅から徒歩10分　P市営駐車場1000台（大型可、有料）

長浜八幡宮《ながはまはちまんぐう》

戦国時代になって荒廃していた社を、長浜城主となった秀吉が手厚く保護した。４月中旬に行なわれる長浜曳山まつりは当八幡宮の祭礼。また、境内西側一帯は約300坪のアジサイ園で、６月下旬から７月中旬にかけて、約50種１万株のアジサイが色鮮やかに咲き誇る。
所長浜市宮前町　☎0749-62-0481
◇JR長浜駅から徒歩15分　P40台

舎那院《しゃないん》

秀吉が一族の息災を祈願したといわれる懸仏など多くの寺宝を有する。芙蓉の寺としても知られ７月下旬から９月に約500株の芙蓉が咲き乱れる。
所長浜市宮前町　☎0749-62-3298（要予約）　◇JR長浜駅から徒歩15分
P市営駐車場1000台（大型可、有料）

国友鉄砲の里資料館《くにともてっぽうのさとしりょうかん》

国友一貫斎の偉業を伝える資料館。地域の歴史と鉄砲の製造過程・道具などを展示紹介している。
所長浜市国友町　☎0749-62-1250
開9:00〜17:00（入館は16:30まで）
休月曜、祝翌日、毎月最終火曜　◇北陸道長浜ICから車で５分　P36台（大型可）

総持寺《そうじじ》

平安後期の木造聖観音立像など文化財が多く、庫裡書院の北側には遠州流の庭園もある。例年４月末から５月中旬まで、境内の約1000株の牡丹が花をつけ、「牡丹まつり」が開催される。県下一の牡丹の名所として、多くの観光客が訪れる。
所長浜市宮司町　☎0749-62-2543
◇JR長浜駅からバス宮司北下車すぐ
◇北陸道長浜ICから車で５分　P50台

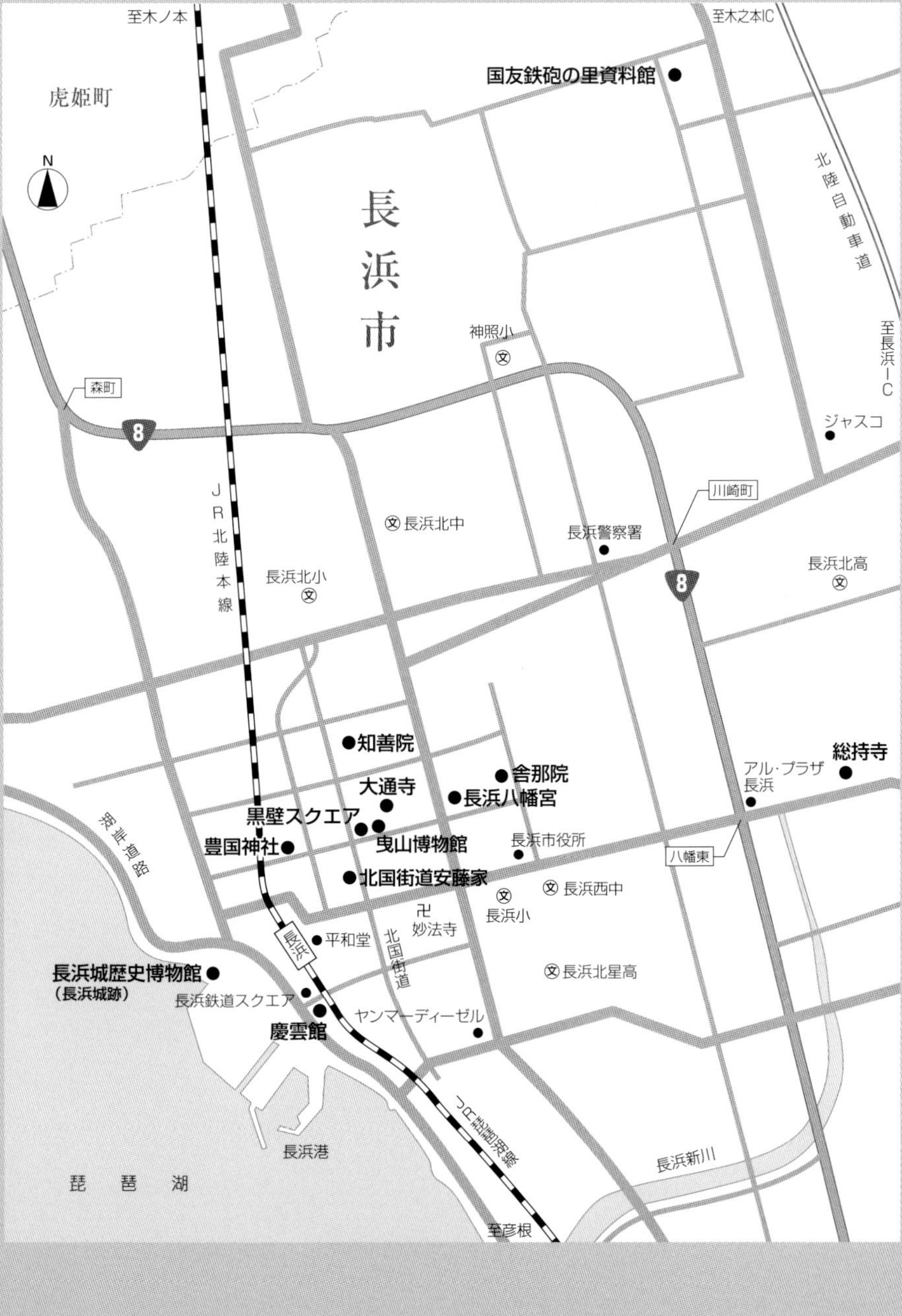
至木ノ本
至木之本IC
虎姫町
N
国友鉄砲の里資料館
長浜市
北陸自動車道
神照小
至長浜IC
森町
8
ジャスコ
川崎町
JR北陸本線
長浜北中
長浜警察署
長浜北小
8
長浜北高
知善院
総持寺
舎那院
アル・プラザ長浜
大通寺
長浜八幡宮
黒壁スクエア
湖岸道路
曳山博物館
長浜市役所
八幡東
豊国神社
北国街道安藤家
長浜西中
長浜小
卍妙法寺
平和堂
長浜
北国街道
長浜北星高
長浜城歴史博物館
（長浜城跡）
長浜鉄道スクエア
ヤンマーディーゼル
慶雲館
JR琵琶湖線
長浜港
長浜新川
琵琶湖
至彦根

⬆居館跡や石垣が残る八幡城跡

近江八幡《おうみはちまん》

悲しい歴史を秘めた八幡（山）城跡には豊臣秀次《ひでつぐ》の菩提寺が移築され、山頂からは、国内はもとより海外にまで雄飛した八幡商人の勇壮な足跡を伝えるまちなみが広がる。

⬅豪商の屋敷が並ぶ新町通りの向こうが八幡山

悲劇の関白・秀次の居城
八幡城跡

鶴が羽を広げた姿に似ているところから鶴翼山《かくよくさん》と呼ばれる八幡山の山頂に、天正13年（1585）豊臣秀吉の甥、羽柴孫七郎秀次が八幡（山）城を築いたのは18歳の時のこと。秀吉の養子になってすぐ関白になった秀次であったが、秀吉に実子秀頼《ひでより》が誕生するや、謀反の汚名をきせられた。秀次27歳、高野山でその短い生涯を終えた。

⬇近江八幡市立図書館の建設にともなう発掘調査によって確認された、秀次や家臣らの居館跡と思われる遺構

商工業の発展を重視した八幡の城下町プラン

←八幡城跡に立つ豊臣秀次の銅像
昭和55年、市民の募金によって建立された。

青年将校・豊臣秀次

秀次は、永禄11年（１５６８）尾張《おわり》国大鷹村に生まれ、母は、秀吉の姉で、実子のない秀吉の養子になって羽柴孫七郎秀次と改名した。少年時代から秀吉の陣に加わり、16歳の時には賤ケ《しずが》岳《たけ》の合戦にも参加。この戦いで勝利した秀吉は、信長亡き後、天下統一に乗り出した。

一方、豊臣領国となった近江では新たな城郭網の再編成がすすむ。天正13年（１５８５）、近江の蒲生《がもう》・神崎《かんざき》・野洲《やす》の３郡と大和の一部をあわせて43万石を与えられた秀次は、八幡城築城を開始した。八幡の地が戦略的に重要なことを認識していた秀吉は、重臣たちを秀次の補佐役に付け、築城を急いだ。標高２８６メートルの山頂から、若き秀次の夢が無限に広がっていたことだろう。

城下町と琵琶湖の水運

八幡城の建設は、旧安土城の城郭や石材、東山道（中山道）に面する武佐《むさ》の長光寺山や馬渕の岩倉山などから大小の石を切り出して行われた。

同時に家臣団の屋敷をはじめとする城下町づくりがすすめられた。碁盤の目状に整然と区画された城下は、武士と町人の居住区が八幡堀で仕切られ、町人の居住区は、南北12筋、東西６筋の街区が既存の条理地割りに基づいて整備され、城下町の体裁が整った。従来、城下町は戦闘に備えるために迷路化される

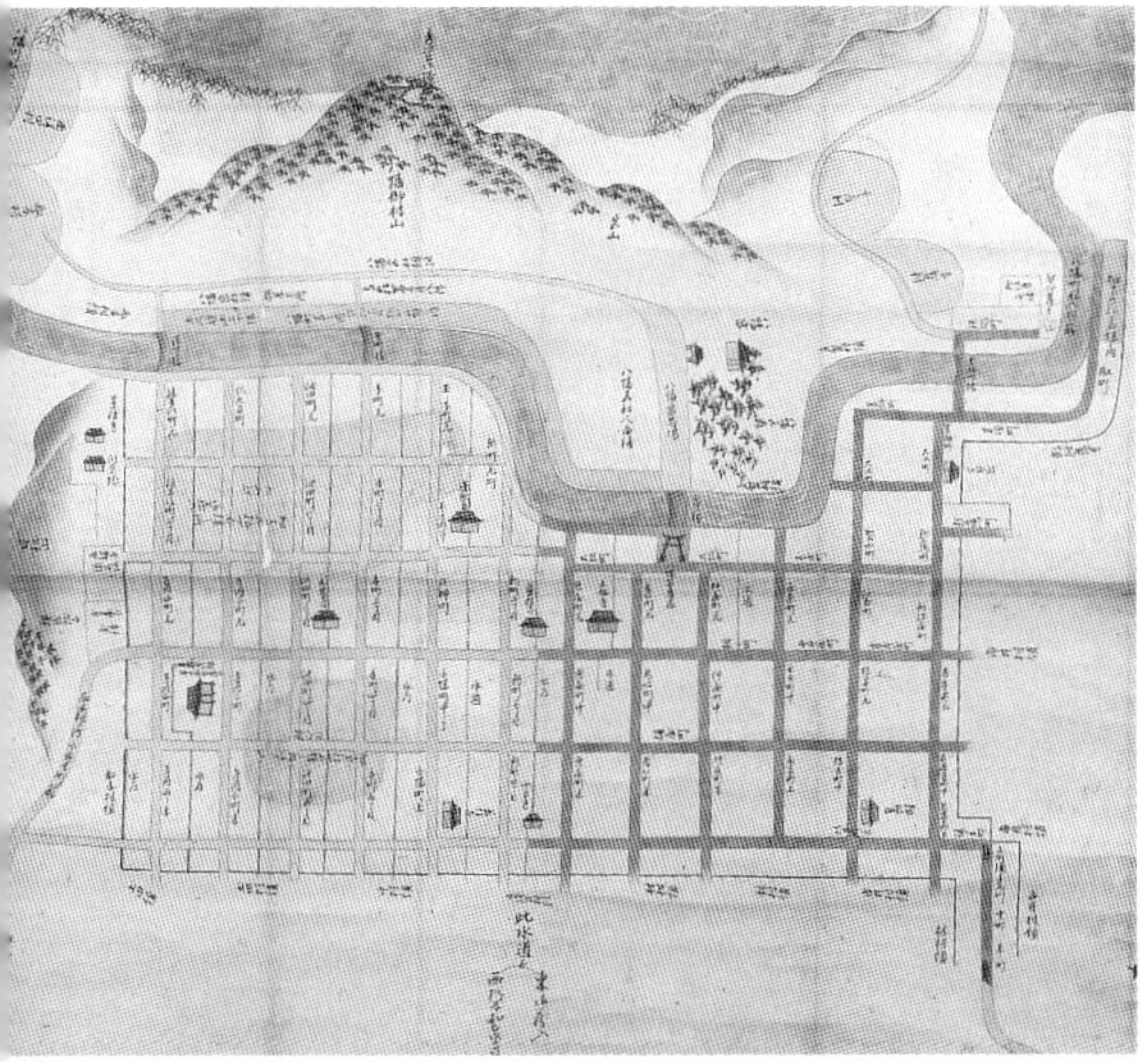

⬅碁盤の目のように整備された17世紀末の八幡のまちなみ（「江州蒲生郡八幡町惣絵図」）ここから多くの豪商が生まれ、その屋敷は往時の姿をとどめる。（近江八幡市立図書館蔵）

ことが多いが、八幡城下では１ヶ所を除いて遠見遮断のための屈折は見受けられず、長浜や伏見などとともに、秀吉の計画した城下町の特徴を示している。

西側に商業区を、東北部には職人区を配置した都市計画は、商工業振興をもくろんだもので、信長亡き後の安土城下町から多くの町民を集団移住させた。

城の内堀として開削された八幡堀は、城下町と琵琶湖をつなぐ運河として南津田・船木・八幡・北ノ庄を結んでいたが、秀次は、湖上を運航する船は、この運河を通行するべきことを掟書きで命じた。

町の形態が整った天正14年（１５８６）には、秀次は城下に楽市楽座などの掟をくだした。築城・城下町建設がすすむなか、秀次自身は各地を転戦する多忙な日々を過ごしていた。そして、天正18年（１５９０）小田原攻めの戦功によって１００万石を与えられ清洲城主になり八幡を去った。

秀次の悲劇 そして八幡城廃城

天正19年（１５９１）、豊臣秀次と名を改め、関白職を譲られた秀次であったが、秀吉は実子が誕生すると、秀次への権力委譲を後悔するようになり、秀次との間にすきま風が吹くようになった。

やがて諸問題で対立が激しくなり、ついに秀吉の怒りをかった秀次は謀反の罪をきせられ、関白職を剥奪《はくだつ》され、高野山に追われた。そして27歳の若さで、高野山青巌寺《せいがんじ》で命を絶った。

「殺生関白」とのそしりを受けた秀次であったが、詩歌や学問を愛する穏やかな人物であったとも伝わる。

秀次亡き後、すぐさま八幡城は廃城となり、城主京極高次《きょうごくたかつぐ》は大津に移った。築城後10年で城主を失ったものの、計画的に整備された街路や下水、水道などの都市基盤は、八幡商人の本拠地となり、その後商工業の町として栄えた。

よみがえった「八幡堀」

城の内堀として、さらに琵琶湖と城下町を結ぶ運河としての役割をもって開削された八幡堀。城がなくなった後も活況を呈したが、戦後の交通手段の変化によって荒廃し、埋め立てを望む声も出た。

しかし、「埋め立てた時から後悔が始まる」と堀の保全と復活を唱えた近江八幡青年会議所のメンバーの志に市民の共感が集まり、専門家の指導のもと保全修景計画がすすめられ堀はよみがえった。

⬆八幡堀

⬆八幡堀にそって建つ西川甚五郎邸
400年以上の歴史を今に伝える大商家。

⬆日牟禮（ひむれ）八幡宮
八幡山の南麓に建つ旧八幡町の総社で、平安時代の創建。江戸時代初期に海外貿易に活躍した西村太郎右衛門が寄進したという「安南渡海船額」（写真は複製）や、祭神である三神の木像は重要文化財。春には左義長まつり、八幡まつりが行われる。

⬆旧伴家住宅
扇屋の屋号で扇子や地場の産物を商った。井原西鶴の『西鶴織留』でその繁盛ぶりが書かれている。

廃城後も栄えた八幡商人のまちなみ

秀次亡き後、八幡城は廃城となった。しかし、八幡は朝鮮人街道など重要な街道に面していたことから、その後も商業都市として発展しつづけた。早い時代から海外進出をめざして国際人としての素養を身につけた八幡商人は、地元での産業振興をはかりつつ、京都・大坂・江戸に大店《おおだな》を構え、商圏を全国に拡大していった。

大坂夏の陣の際に徳川家康の兵站《へいたん》基地となったことも八幡商人にとって幸いし、幕府の直轄領となった八幡の商人は、江戸の城下町建設に尽力した功績によって、日本橋の一等地を与えられた。今にその歴史をつなぐ西川産業は、ゆうに400年以上の歴史を誇る老舗である。そして今も日本橋界隈には多くの近江の企業が林立している。

八幡商人と商法

八幡商人は、高島商人と並んで、江戸時代初期から活躍した。永禄9年（1566）には、西川仁右衛門が商売を始めた記録が残る。秀次の築城と同時に安土城下の商人や近在の湖東地方からの商人が移住して八幡町民を構成。彼らは、中世以降の五箇《ごか》商人や保内《ほない》商人の流れをくむ伝統ある商人であった。加えて、信長や秀次が打ち出した楽市楽座や諸役免除などの先進的な商工政策と交通の要衝に位置する地理的環境が、いっそう城下の人々を刺激した。

⬅旧西川家住宅
近江八幡市立資料館の一部として公開されている。

海外に雄飛した西村太郎右衛門や、蝦夷地《えぞち》（北海道）との交易を行った西川伝右衛門や岡田弥三右衛門など、その先進性は特筆される。

江戸の城下町建設の時には、すでに中心地日本橋に八幡商人の大店が軒を連ねていた。江戸時代初めの城下町建設のブームに乗った八幡商人は、リスクを云々するよりも、チャンスに賭ける機敏で胆力のある商人であった。

全国に大きく羽ばたいた八幡商人は、とくに三都といわれた京都・大坂・江戸に大規模な店を構えたことに特色があるが、あくまで本店は八幡に置いていた。そのため、このまちには現在も商人の生活様式や文化が伝えられている。

北海道に進出した八幡商人

北海道における先進的商人として活躍した八幡商人は多額の資本を投入して漁場の開拓を行い、年末の贈答品として恰好の新巻《あらまき》も近江商人の開発商品とされる。西川家の文書では「阿らまき」の取引についての記録が残り、２００年以上も前に、薄塩にして味を良くした新巻が登場している。「荒むしろで巻いた」「塩を荒くまいた」から「荒巻」と呼ばれたといい、これが「新巻」となった。京都の名物ニシンそば、正月料理に欠かせない数の子や身欠ニシンなど、北海道の開発と同時に新商品づくりを行い、上方の食文化の育成に商人としての本分を存分に発揮した。

➡水郷めぐり
入り組んだ水路を小船でのんびりめぐり、春夏秋冬それぞれの表情が楽しめる。

⬅左義長まつり
湖国に春を告げる火まつりで、豊臣秀次が城下町を開いたと同時に日牟禮八幡宮の祭礼として定着したという。化粧した若者が「チョウサヤレヤレ」の掛け声とともに2日にわたって町内を練り歩き、2日目の午後8時頃、境内に揃った左義長（写真の飾り物）に火がつけられ、まつりのクライマックスを迎える。例年3月中旬の土・日曜日に開催。

⬆八幡まつり
例年４月中旬に行われる日牟禮八幡神社の祭礼で、宵宮を「松明まつり」という。翌日は宮入りした大太鼓の渡御が行われる。同神社の「左義長まつり」や、篠田神社の「篠田の花火」などとともに「近江八幡の火まつり」として国選択無形民俗文化財に指定されている。

➡ヴォーリズ記念館
明治末、アメリカから商業学校の英語教師として来日、八幡を拠点に社会事業を行ったW・M・ヴォーリズの居宅を記念資料館とした建物。木造の外壁と赤い瓦屋根に白い煙突を持った瀟洒な洋館で、ヴォーリズの83年間にわたる生涯の記録と遺品を展示している。

近江八幡を訪ねる

◇電車で　JR近江八幡駅からバス大杉町下車徒歩５分（八幡山ロープウェー）
◇車で　名神八日市ICまたは竜王ICから15分（八幡山ロープウェー）

八幡（山）城跡《はちまん（やま）じょうあと》

近江八幡の北、標高271.9ｍの八幡山は別名鶴翼山とも呼ばれ、山頂には豊臣秀次が築いた八幡城の石垣が残る。居館跡からは金箔押しの五三桐の瓦が発見されており、築城当時の豪華さがうかがわれる。
所近江八幡市宮内町　☎0748-33-6061（近江八幡駅北口観光案内所）◇ロープウェー八幡山頂駅下車すぐ　P30台（大型可）

瑞龍寺（村雲御所）《ずいりゅうじ（むらくもごしょ）》

八幡山山頂の八幡城本丸跡にある日蓮宗寺院。豊臣秀次の母であり秀吉の姉である瑞龍院日秀尼公が、秀次の菩提寺として京都の村雲に創建。昭和37年、秀次ゆかりの現在地に移された。日蓮宗唯一の門跡寺院として格式が高い。
所近江八幡市宮内町　☎0748-32-3323　◇JR近江八幡駅からバス大杉町下車徒歩５分、ロープウェイ八幡山頂駅下車すぐ　P30台（大型可）

日牟禮八幡宮《ひむれはちまんぐう》

八幡山の南麓に建つ旧八幡町の総社で、誉田別尊・息長足姫尊・比売神の三神を祭神とする。平安時代の創建といわれ、約４万4000㎡という広大な神域はエノキやムクの樹が生い茂る。
所近江八幡市宮内町　☎0748-32-3151　◇JR近江八幡駅からバス大杉町下車徒歩５分　P30台（大型可）

八幡堀《はちまんぼり》

八幡城築城の際、城と琵琶湖を結ぶ湖上交通として作られ、昭和初期まで地域の経済・流通路として利用されていた。まちなみ保存運動などにより、船着場などが復元され、堀に沿って白壁の土蔵や旧家が建ち並ぶ。新町周辺と併せて伝統的建造物群保存地域となっている。
所近江八幡市宮内町周辺　☎0748-33-6061（近江八幡駅北口観光案内所）◇近江八幡駅からバス大杉町下車徒歩５分

かわらミュージアム《かわらみゅーじあむ》

水運交通の便利な八幡堀沿いにあった瓦工場跡地に建てられた10棟からなる瓦葺きのミュージアム。館内では地元八幡瓦をはじめ、日本や海外の瓦コレクションの展示や瓦の製造工程を紹介している。
所近江八幡市多賀町　☎0748-33-8567　時9:00～16:30（入館は16:00まで）休月曜、年末年始、祝翌日
◇JR近江八幡駅からバス大杉町下車徒歩５分　P10台

かわらミュージアム〈体験工房〉《かわらみゅーじあむ〈たいけんこうぼう〉》

型枠に瓦粘土を押し込んで形づくったり、壁飾りや置物を自由に作ったりできる。所要時間約１時間。乾燥・焼き上げ後（約１ヶ月）自宅へ発送してくれる。
時9:00～16:00（入館は15:30まで）※10名以上要予約

白雲館《はくうんかん》

明治10年に八幡商人の熱意と区民の協力により、八幡東学校として建てられた擬洋風建造物。平成６年に解体修理され、往時の姿に復元された。館内１階は観光案内所、２階はギャラリーとして活用されている。
所近江八幡市為心町元　☎0748-32-6181　時9:00～16:30　休年末年始
◇JR近江八幡駅からバス大杉町下車徒歩１分　Pなし

新町通り《しんまちどおり》

江戸時代末期から明治にかけて建てられた八幡商人の商家が残るまちなみで、西側に旧西川庄六宅、森五郎兵衛宅、３丁目の京街道筋には旧伴庄右衛門宅などがある。公開されている旧西川利右衛門宅は、町内屈指の八幡商人居宅で、重要文化財に指定されている。
所近江八幡市新町　☎0748-33-6061（近江八幡駅北口観光案内所）◇JR近江八幡駅からバス資料館前下車すぐ　P市立資料館８台

市立資料館（旧西川家住宅など）《しりつしりょうかん（きゅうにしかわけじゅうたくなど）》

郷土資料館・歴史民俗資料館・旧西川家住宅の３館と道を隔てた旧伴庄右衛門邸の４館からなり、近江八幡の歴史と文化、また近江を代表する豪商の暮らしを肌で感じとれる。
所近江八幡市新町　☎0748-32-7048
時9:00から16:30（入館は16:00まで）
休月曜日（祝日は開館）、祝翌日、年末年始　◇JR近江八幡駅からバス資料館前下車すぐ　P８台

ヴォーリズ記念館《う゛ぉーりずきねんかん》

近江八幡の名誉市民第１号になったヴォーリズの居宅を記念資料館とした建物。83年間にわたる生涯の記録と遺品を展示している。
所近江八幡市慈恩寺町元　☎0748-32-2456　時10:00～16:00（要予約）
休月曜日、祝日、年末年始　◇JR近江八幡駅からバス鍛冶屋町下車徒歩２分　P５台

長命寺《ちょうめいじ》

市の北西端、標高約333ｍの長命寺山・山腹にある寺院。西国三十三所第31番札所。808段の石段を登りつめると、本堂、三重塔（いずれも重文）をはじめとする諸堂の屋根が美しく重なりあった境内に至り、ここからは琵琶湖が一望できる。
所近江八幡市長命寺町　☎0748-33-0031　◇JR近江八幡駅からバス長命寺下車徒歩20分　P50台

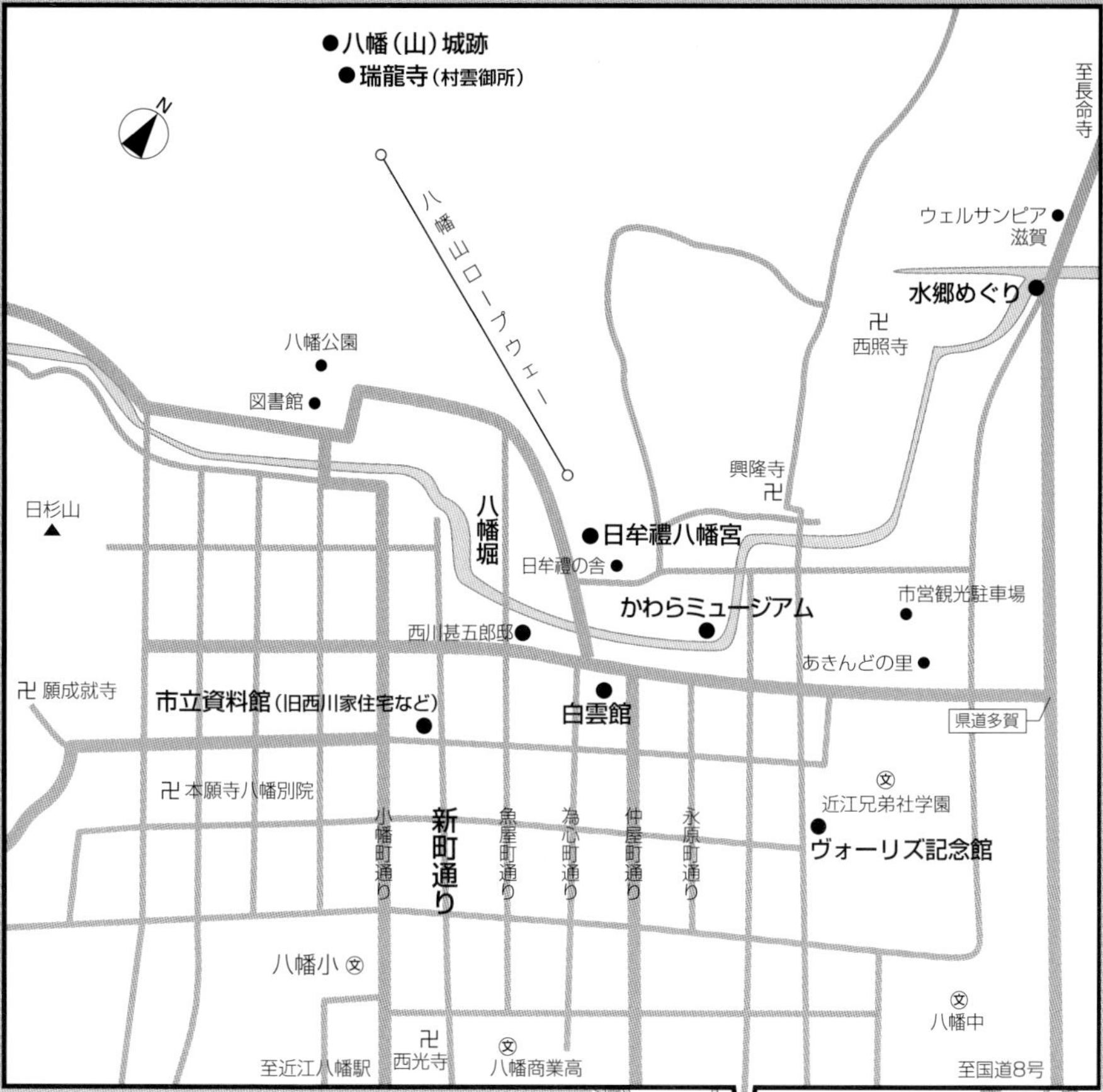

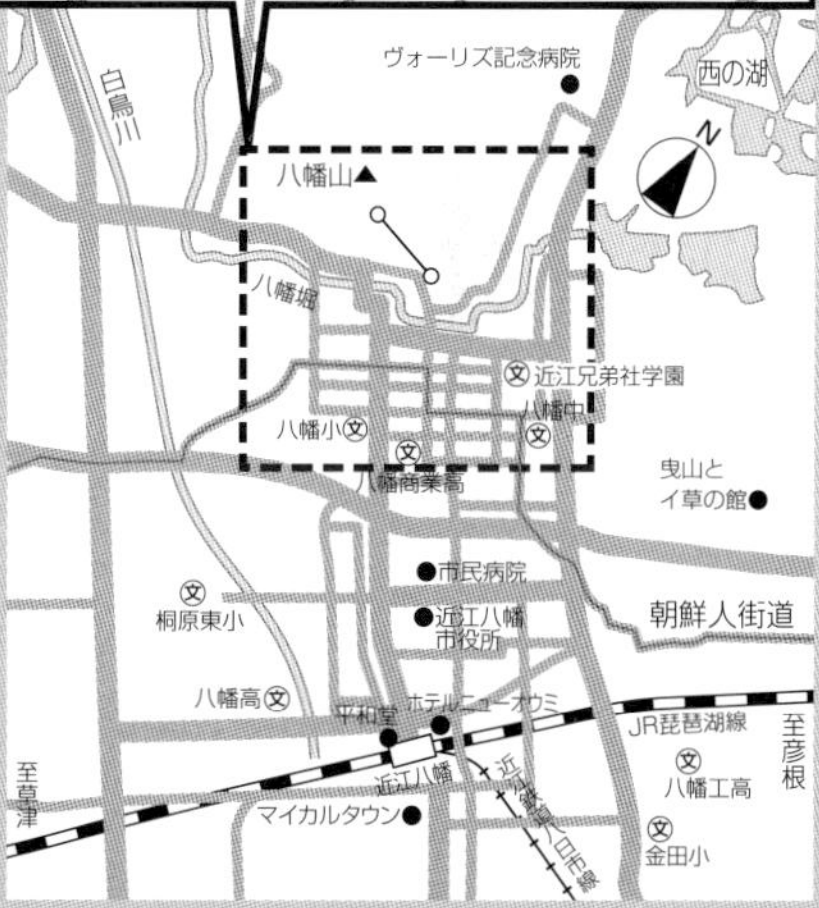

秀次や信長ゆかりの水郷めぐり・八幡堀めぐり

豊臣秀次や織田信長が宮中の船遊びをまねて楽しんだのが始まりという。入り組んだ水路を小船でめぐり、カイツブリやヨシキリのさえずりを聞きながら、春夏秋冬それぞれの表情が楽しめる。定期便のほか予約貸切り船もあり、船上ですき焼きなどを味わうこともできる。

☎0748-33-6061（近江八幡駅北口観光案内所）

大津《おおつ》

歴史の流れに翻弄された商都大津の城下町。光秀の知謀が光る坂本城、家康が戦後処理を行った大津城、膳所藩の本拠膳所城。いずれも琵琶湖の水運を活かした水城として、重要な役割を果たした。

➡七本柳
例年3月の第1日曜から1ヶ月にわたって繰り広げられる日吉大社の祭礼「山王祭」の終盤、七本柳から七社の神輿は甲冑をつけた山門供人が付き添い、唐崎までの間、華やかな船渡御が行われる。

↑←坂本のまちなみ
比叡山延暦寺麓、門前町の坂本は、比叡山山上で修行を積んだ老僧が天台座主より山麓に里坊を賜って居住したのが始まりで、比叡山から流れる水を利用した江戸時代初期の風雅な庭園が点在する。

↑聖衆来迎寺
国宝・重要文化財を含む優れた寺宝を数多く所蔵し、例年8月中旬の虫干会にこれら寺宝が展覧される。表門は坂本城の城門を移築したといわれ、滋賀県指定文化財となっている。

↑西教寺
天台眞盛宗の総本山で、伏見城の遺構を移したという客殿や重文の本殿、狩野派の襖絵など、見どころが多い。明智光秀とのつながりが深く、本堂西側の一角には明智光秀一族の墓がある。

明智光秀と坂本城

➡坂本城跡
信長の近江平定の前線基地として大きな役割を果たした坂本城の跡地には東南寺が再建されている。城跡は、琵琶湖の渇水時にはわずかに湖中の石垣列が顔を出す。

元亀2年（1571）岐阜城を発った織田信長は3万の兵を引き連れ守山金森《かねがもり》の一向一揆を討った後、園城寺《おんじょうじ》（三井寺《みいでら》）に陣し、9月13日には、山麓の坂本門前町から日吉社、山上の延暦寺の諸堂舎を焼き尽くした。いわゆる「山門焼き討ち」である。

そしてただちに明智光秀に坂本築城を命じた。信長の目的は、延暦寺の監視はもとより、居城岐阜から朝廷のある京都への交通路の確保にあった。湖東の佐和山には重臣の丹羽《にわ》長秀《ながひで》が配された。

坂本城は、山門焼き討ちの3ヶ月後から築城が始まっており、翌年の元亀3年（1572）に天主が完成した。天正10年（1582）には小天主が増築されている。

来日していたポルトガルの宣教師ルイス・フロイスは、坂本城を見て「安土の城に次ぐ名城」であると称賛している。安土築城は天正4年（1576）であるから坂本城は、近世城郭建築の先駆といえる。

坂本城以降、大津城、膳所《ぜぜ》城はいずれも水城として琵琶湖の水運が軍事的に取り入れられており、光秀の知謀が光る。

天下に知られた坂本城も本能寺の変後、光秀の女婿明智秀満が放火し灰燼《かいじん》に帰したが、表門は聖衆来迎寺《しょうじゅらいこうじ》に移築され、坂本の西教寺《さいきょうじ》には、光秀に関わる多くの伝承や遺構が見られる。

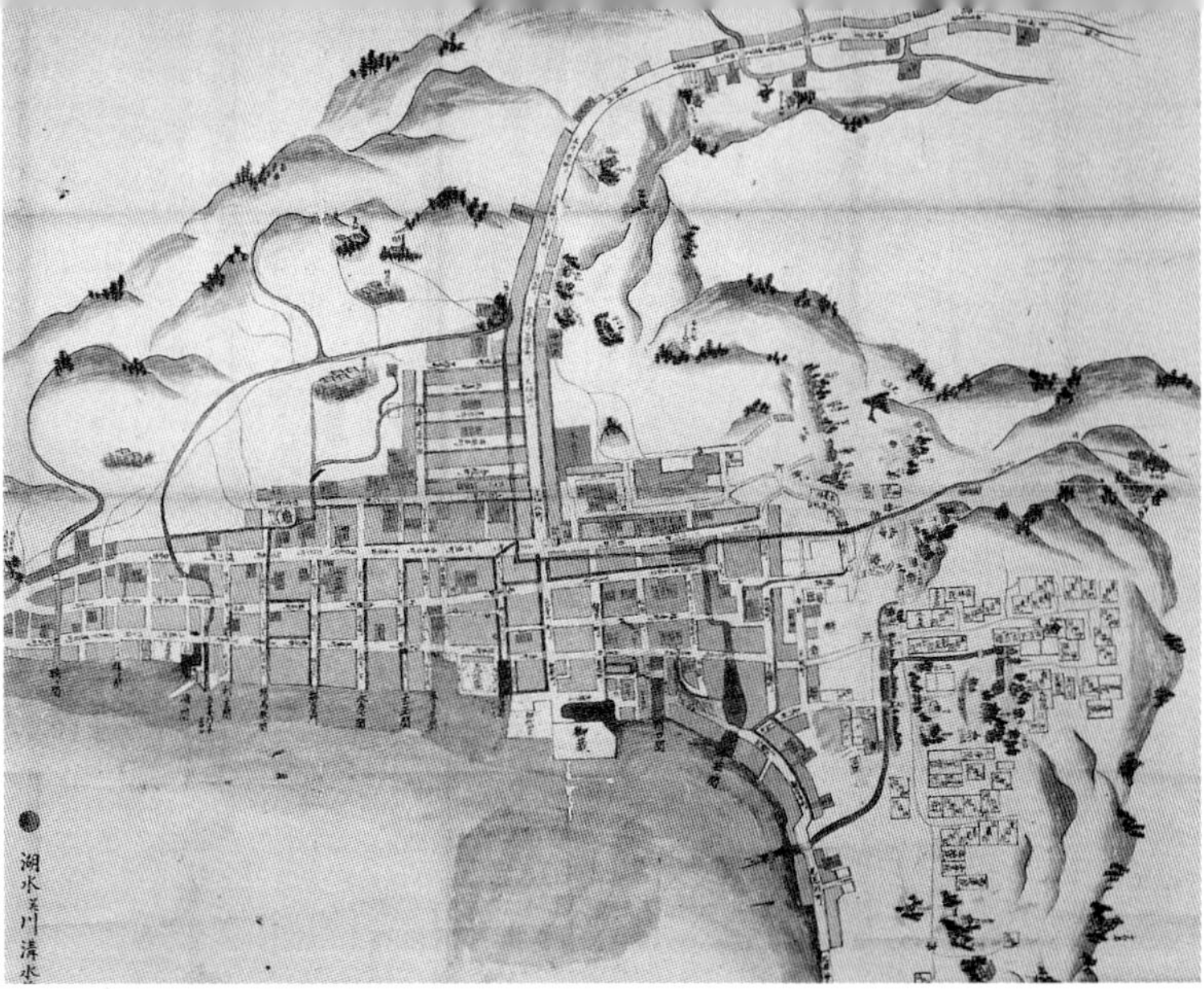

➡大津町古図（個人蔵）
寛保2年（1742）の大津町絵図。旧大津城を中心に城下のようすが描かれている。

戦国時代の終焉を告げた大津城

観光船が巨体を浮かべ、びわこ花噴水がリズミカルにゆらぐ大津港近くに、大津城はあった。

坂本城が廃城となった後、天正14年（1586）に秀吉がここに移築し、住人の移住を促したので大津の町内には坂本の城下町と同様の町名が残る。大坂城を政治経済の拠点とした秀吉は、淀川水系・伏見街道・東海道によって大坂につながる大津を北国物資の中継地として、さらに琵琶湖水運の要所として坂本より重視したのである。

初代城主には浅野長吉《ながよし》が就き、大津百艘船という船持仲間をつくり、大津の琵琶湖水運の集散地としての基盤をつくった。

その後、天正17年（1589）には豊臣五奉行のひとり増田《ました》長《なが》盛《もり》が、天正19年（1591）には新庄直頼が入った。関ヶ原合戦当時の城主京極高次は、西軍1万5千の参戦を阻み、関ヶ原での東軍の勝利に貢献した。合戦後、家康は大津城に入り7日間ここにとどまって、石田三成や毛利輝元《てるもと》の大坂城撤退など一連の戦後処理をすすめ、大津城は関ヶ原の合戦を締めくくる舞台となった。

激しい籠城戦によって、大津城は天守のある本丸以外は焼亡したが、彦根城の築城の際、最後まで落ちなかった大津城天守はめでたいとされて、彦根に移された。

⬆旧東海道　中庄あたり

⬅旧東海道の街道沿いの町家のバッタン床机

⬅膳所藩の藩窯膳所焼の伝統を伝える膳所焼美術

⬆大津祭
天孫神社の祭礼で、江戸時代初頭から行われ、屋台の「からくり」が特長。絢爛豪華な屋台は、商業都市として繁栄した大津町の人々の勢力が表れている。例年10月の体育の日の前々日（宵宮）、前日（本祭）に行われる。

大津町の繁栄

琵琶湖の水運を重視した信長・秀吉らの施策によって、大津港は北国からの物資が琵琶湖を通じて集まり、さらに西廻り航路の影響で大量の米が入ってくる米売買の中心地として年貢米を納める御蔵や諸藩の蔵屋敷が軒を連ねた。大津は舟運の物資流通による商業都市であった。

さらに東海道・西近江路などの宿場町としての賑わいがあり、こうした町の勢力が大津祭を支えてきた。

➡本多家の墓所

膳所藩の成立と藩主

大津籠城戦の翌年、慶長5年（1600）に大津城は解体され、天守は彦根城へ、そしてその他の部材は、膳所《ぜぜ》に移され膳所城の築城が始まった。戦後、ただちに膳所に築城を命じた徳川家康は、大坂（豊臣）方の動きを制する目的から、ここに三河以来の譜代大名戸田氏を配した。大津には商業都市としての役割を残し、隣接する膳所に政治的役割をもたせたのであった。

初代城主戸田一西《かずあき》の石高は3万石であったが、6代藩主石川忠総《ただふさ》の時に7万石に加増され、10代本多康慶《やすよし》の時には1万石を弟忠恒《ただつね》に分けた。本多氏は8代以降、膳所城主を世襲し明治維新を迎えた。

戦国時代、近江の城は琵琶湖の水利を活用して建設されたが、膳所城も坂本城や大津城と同様に琵琶湖を天然の要塞とする水城として湖岸に築城されている。現在も「御殿が浜」の地名が残るが、ここには藩主の隠居所が建ち、琵琶湖の水が引かれた池があった。池の一部は今も残り、同じ敷地内に、本多神社と膳所焼資料館が建つ。

城下町は東海道に面して町家が並び、その東西に侍屋敷が配置された。江戸時代初めにはほとんどがわら葺きの町家であったが、参勤交代の行列が通ることから、すべてを瓦葺きに改めるようになった。

⬅膳所城北大手門が移築された篠津神社の表門

東海道沿いの北口惣門跡から東に進むと、大きく迂回するところに響忍寺《こうにんじ》の立派な長屋門がある。中庄、西の庄あたりを歩くと、頑強な土塀に囲まれた武家屋敷が城下町の面影を伝える。

明治になって膳所城は解体され天守が彦根に移ったほか、表門は膳所神社へ、北大手門は篠津神社、南大手門は鞭崎《むちさき》神社という具合に周辺の社寺に移っていった。膳所藩の藩校遵義堂《じゅんぎどう》の跡には県立膳所高校が建っている。

⬅大きく迂回する響忍寺付近。城下町特有の防衛的な役目を果たしていた。

⬅本多家の家紋の入った軒丸瓦が見られ、藩政時代の面影が残る膳所城下町の南入口の番所跡。

➡膳所城跡
琵琶湖の水面にその美しい姿を映した膳所城も明治維新で廃城となり、本丸跡は公園として整備され、春には桜の名所として花見客が多く訪れる。写真は復元された膳所城の櫓。

⬅膳所神社に残る本多家の家紋入り瓦

⬆記恩寺の表門
日本画家・山元春挙が蘆花浅水荘と名付けた庭園は、大正時代の作庭で、当時は庭続きに琵琶湖が広がっており、庭向こうの湖と背後の山々を借景としていた。平成16年に改修を終え、予約公開されている。重要文化財。

➡膳所城跡公園内の石鹿地蔵
信長の比叡山焼き討ち後、比叡山の地蔵は坂本城の築城に使われ、その後、大津城・膳所城の築城のたびに使い回された。明治3年、膳所城が解体されおよそ３００年ぶりに姿を現し、昭和38年になってそのうち60体が有志の浄財でここに祀られた。

大津を訪ねる

◇電車で　京阪膳所本町駅から徒歩７分（膳所城跡公園）
◇車で　名神大津ICから15分（膳所城跡公園）

浮御堂《うきみどう》（満月寺《まんげつじ》）

近江八景「堅田の落雁」で名高い浮御堂は、寺院名を海門山満月寺といい、平安時代、恵心僧都が湖上安全を祈願して建立した。境内の観音堂には、聖観音座像が安置されている。（非公開）
所大津市本堅田　☎077-572-0455
◇JR堅田駅からバス出町下車徒歩７分（土日は浮御堂前までのバスあり）
P30台

湖族の郷資料館《こぞくのさとしりょうかん》

琵琶湖の水運・漁業など、湖上の特権を持つ湖族が栄えた地が堅田。堅田衆をはじめとする堅田ゆかりの先人の足跡をたどる資料館。
所大津市本堅田　☎077-574-1685
◇JR堅田駅からバス出町下車徒歩５分　P３台

雄琴温泉《おごとおんせん》

古くから京・大津の奥座敷として、また、温泉保養地として知られている。泉質は、単純温泉で泉温は約30℃。神経痛・筋肉痛・関節痛などに効能がある。

☎077-578-1650（雄琴温泉観光協会）
◇JR雄琴駅から徒歩15分

坂本城跡《さかもとじょうあと》

明智光秀が築城した坂本城は、城内に琵琶湖の水を引き入れた水城形式で、高い天守閣を持っていたという。
所大津市下阪本　☎077-578-6565（坂本観光案内所）　◇京阪坂本駅からバス下阪本下車徒歩３分　Pなし

日吉大社《ひよし(ひえ)たいしゃ》

全国各地にある3800余りの「山王さん」の総本宮で比叡山の麓にある。東本宮・西本宮の本殿は、国宝に指定されている。
所大津市坂本　☎077-578-0009
◇京阪坂本駅から徒歩10分　P20台

西教寺《さいきょうじ》

聖徳太子の創建で、眞盛上人が再興した天台眞盛宗の総本山。明智光秀一族の菩提寺。
所大津市坂本　☎077-578-0013
◇京阪坂本駅から徒歩20分　P90台（大型可）

園城寺《おんじょうじ》（三井寺《みいでら》）

天台寺門宗の総本山。境内には天智・天武・持統の３帝の御産湯に用いられた閼伽井と呼ぶ井戸があり、「御井の寺」と呼ばれ、後に「三井寺」と通称されるようになった。
所大津市園城寺町　☎077-522-2238
開８：00～17：00　¥500円　◇京阪三井寺駅から徒歩10分　P300台（有料、大型可）

大津市歴史博物館《おおつしれきしはくぶつかん》

三井寺の北隣にあり、大津市ゆかりの文化財や資料を保存展示している。歌川広重の近江八景や大津市の350年前の姿を復元した模型などをはじめ、イラスト、映像などによって大津の歴史が学べる。
所大津市御陵町　☎077-521-2100
時９：00～17：00（入館は16：30まで）
休月曜日・祝翌日（土日の場合は開館）・年末年始　◇京阪別所駅から徒歩５分　P70台（大型可）

大津祭曳山展示館《おおつまつりひきやまてんじかん》

原寸大の曳山模型が展示され、一年中大津祭を楽しめる展示館。
所大津市中央　☎077-521-1013
時10：00～19：00（多目的ホールは10：00～21：00）　休月曜（祝日の場合は翌日）・お盆・年末年始　◇JR大津駅から徒歩10分／京阪浜大津駅から徒歩５分

大津城跡《おおつじょうあと》

京阪浜大津駅に近い湖岸あたりを中心にあり、安土桃山時代、豊臣秀吉が坂本城に代えて築城した。現在は碑が残る。
所大津市浜大津　☎077-522-3830（大津駅観光案内所）　◇京阪浜大津駅から徒歩２分　Pなし

義仲寺《ぎちゅうじ》

寺名は木曽義仲を葬ったことに由来し、木曽塚とも呼ばれた。旧東海道に沿って建ち、松尾芭蕉は度々訪れ、宿泊し、門人と月見の宴を催したという。遺言どおり、義仲と芭蕉の墓が並んでいる。
所大津市馬場　☎077-523-2811　休月曜日（祝日除く）　◇JR膳所駅・京阪膳所駅から徒歩10分　Pなし

膳所城跡公園《ぜぜじょうあとこうえん》

本丸跡は公園として整備され、春には桜の名所として賑わう。
所大津市本丸町　☎077-522-3830（大津駅観光案内所）　◇京阪膳所本町駅から徒歩７分／JR大津駅から湖岸道路経由のバスで膳所公園前下車すぐ　Pなし

膳所神社《ぜぜじんじゃ》

中世には諸武将の崇敬が篤く、社伝には豊臣秀吉や北政所、徳川家康などが神器を奉納したという記録が残る。表門は、明治３年に、膳所城から移築したもの。
所大津市膳所　☎077-522-1167
◇京阪膳所本町駅下車、徒歩１分

記恩寺庭園《きおんじていえん》（蘆花浅水荘《ろかせんすいそう》）

日本画家・山元春挙の別荘にある庭園。大正時代の作庭で、別荘は蘆花浅水荘。
所大津市中庄　☎077-522-2183（山元、１週間前までに要予約）◇京阪瓦ヶ浜駅から徒歩５分

膳所焼美術館《ぜぜやきびじゅつかん》

小堀遠州の指導の下に膳所藩の御用窯として始められた膳所焼の茶入、茶碗、水指などを中心に展示されている。
所大津市中庄　☎077-523-1118
時10：00～16：00　休月曜日（祝日を除く）、年末年始　◇京阪瓦ケ浜駅下車すぐ　P４台

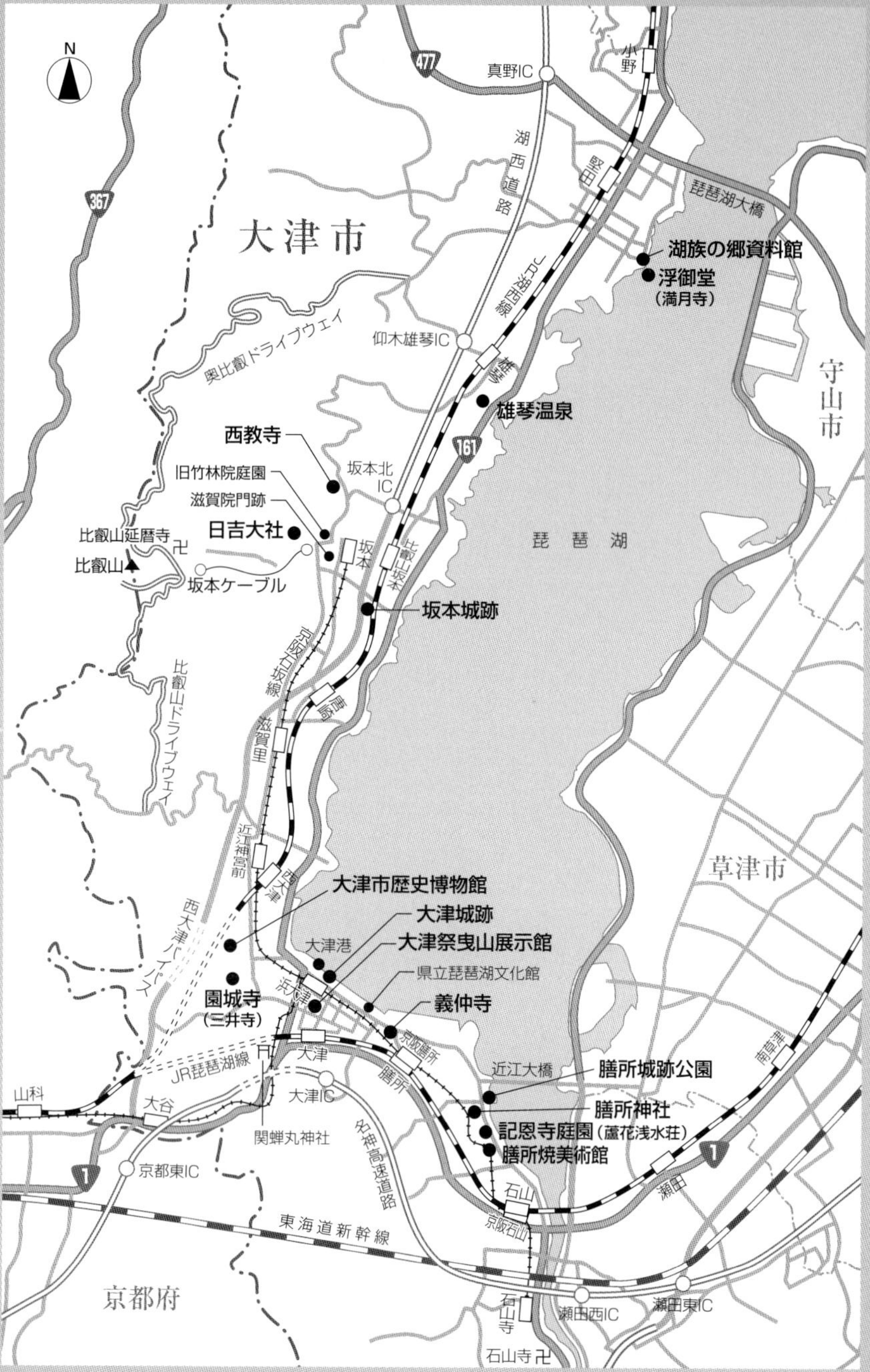
N
477
367
真野IC
小野
湖西道路
堅田
琵琶湖大橋
大津市
湖族の郷資料館
浮御堂
（満月寺）
JR湖西線
仰木雄琴IC
奥比叡ドライブウェイ
雄琴
雄琴温泉
守山市
161
西教寺
旧竹林院庭園
滋賀院門跡
坂本北IC
日吉大社
比叡山延暦寺
比叡山
坂本
比叡山坂本
坂本ケーブル
琵琶湖
坂本城跡
京阪石坂線
比叡山ドライブウェイ
唐崎
滋賀里
近江神宮前
西大津
大津市歴史博物館
大津城跡
大津祭曳山展示館
西大津バイパス
大津港
県立琵琶湖文化館
浜大津
園城寺
（三井寺）
義仲寺
京阪膳所
大津
JR琵琶湖線
近江大橋
膳所城跡公園
草津市
山科
大谷
大津IC
膳所
膳所神社
記恩寺庭園（蘆花浅水荘）
膳所焼美術館
関蝉丸神社
名神高速道路
京都東IC
1
石山
京阪石山
瀬田
南草津
東海道新幹線
京都府
石山寺
瀬田西IC
瀬田東IC
石山寺

水口《みなくち》

⬆徳川家光の上洛にあわせて築かれた水口城は、その後水口藩の居城となった。湧水を利用した美しい水堀を有していたことから「碧水城（へきすいじょう）」とも呼ばれている。水口城跡は平成３年に整備され「水口城資料館」となっている。

⬆大徳寺の屋根に残る三つ葉葵の紋所

古くから伊勢参宮路の宿場として開け、江戸時代になって東海道の宿場に指定された。古城山《こじょうざん》の南にまちなみが形成され「街道一の人とめ場」と呼ばれるほどにぎわった宿場町として知られるが、戦国時代以来の城下町でもある。

水口の城と宿場

←戦国時代に築城された水口岡山城跡

戦国の城・水口岡山城

天正13年（１５５８）、天下統一の途中にあった豊臣秀吉は、家臣の中村一氏《かずうじ》に古城山《こじょうざん》（大岡山《だいこうざん》）での築城を命じた。古城山は標高約２８３メートルの低い山ではあるが、街道を眼下に見下ろし、鈴鹿峠から蒲生一帯を一望することができる要衝であった。

当時「水口城」と呼ばれたこの水口岡山城の築城には大溝城《おおみぞ》（高島市）の古材が用いられた。城主は一氏の後、増田長盛《ましたながもり》、長束正家《なつかまさいえ》と続く。いずれも豊臣政権の五奉行の一人で、この城が重視されていたことがわかる。

しかしながら、関ヶ原の合戦に際しては長束正家が西軍にく

➡宿場町時代の問屋跡

みしたことであえなく落城した。

将軍の宿・水口城

江戸幕府の成立前から、しばしば水口を休泊の地に選んでいた徳川家は、その後、2代将軍秀忠の娘和子の入内《じゅだい》（和子は後水尾天皇の女御《にょうご》として内裏に入った）に際してお茶屋を設けた。そして、寛永11年（1634）の3代将軍家光の上洛には、将軍専用の宿舎として水口城が築かれた。

水口藩は幕府の直轄領として水口代官が置かれたが、天和2年（1682）には加藤明友が2万石で水口に入り、その後廃藩置県まで概ね加藤氏の統治が続いた。小藩なので特別な城下町の面影に乏しいが、東海道の宿駅として、またこの地域一帯の商業集積地として繁栄してきた町の名残りがあちこちに認められる。近年は、新しい産業の進展がめざましくテクノパークの開発がすすむ。

水口宿の成立

関ヶ原の合戦で勝利した家康は、水口を直轄地とし、慶長6年（1601）には東海道の整備にともない水口を東海道の宿駅に指定した。

水口宿に伝わる「御伝馬《おてんま》之定《のさだめ》」は水口宿の根本資料として貴重なものであり、この古図には、現在も残る水口宿の特色である3筋からなる紡錘形のまちなみがみられる。宿場町と城下町という2つの機能を持った水口は家数912件を数え、近江では大津に次ぐ大きなまちであった。

⬆東海道沿いに連なる酒蔵

⬆家康の腰掛け石（大徳寺）
大徳寺を開山した住職の叡誉が家康の幼い時の学問の師であったことから、関ヶ原後、家康は水口に一泊し、香木や寺領を寄進している。門を入って右鐘堂前にある石は、叡誉上人と話し合った家康が腰をかけたと伝わる。

⬆東海道沿いの武家屋敷・巖谷家
児童文学者小波、明治三筆のひとり一六は当家の出身。

⬆大池寺
天平年間に行基が開山した寺と伝えられる。寺の周辺には「心」の形をした4つの池があり、寺名の由来といわれている。書院の東側にある蓬莱庭園は小堀遠州の作庭と伝えられ、サツキの二段刈込みで大波小波を表わした観賞式枯山水庭園。

⬆東海道筋に残る水口石
力自慢に使われたという石。

➡ヴォーリズが設計した水口教会
水口小学校の正門脇に建つ旧水口図書館もヴォーリズが設計している。

日本のアンデルセン・巌谷小波《いわやさざなみ》

水口歴史民俗資料館の一角に巌谷一六《いちろく》・小波《さざなみ》記念館があり、ここでは甲賀市水口町ゆかりの巌谷一六とその子小波の業績を紹介している。

巌谷家は代々水口藩の藩医を務めていたが、巌谷一六（本名修《しゅう》）は明治維新後に新政府の役人となり、中村梧竹《ごちく》、日下部《くさかべ》鳴《めい》鶴《かく》とともに「明治三筆」のひとりに数えられる人であった。小波は一六の三男として明治3年（1870）に東京に生まれ、祖母の影響で幼い頃より芝居や読み物が好きな少年であった。父は医者になることを奨めたが、医者の道に進むことを嫌った小波は、小説家をめざした。

21歳にときに博文館の「少年文学」シリーズの第1作に書いた『こがね丸』が当時の子どもの間で大人気となり、その後多くの児童文学作品を発表した。とりわけ、語り継がれてきたさまざまな昔話を子どもの読み物にふさわしいものに整えた「日本昔噺」全24編は画期的なものとして、高く評価されている。

29歳のとき、姉の紹介で水口の山村勇子と結婚したことが、いっそう水口との結びつきを強くし、明治43年には水口小学校の校歌を作詞している。また「一寸法師」「富士山」の作詞者としても知られる。

水口歴史民俗資料館では、「文字のちから・言葉の創造力」をテーマに、一六と小波の資料を展示するほか、小波の声によるお伽噺を聞くことができる。

⬅子どもから大人まで楽しめる巌谷一六・小波記念館

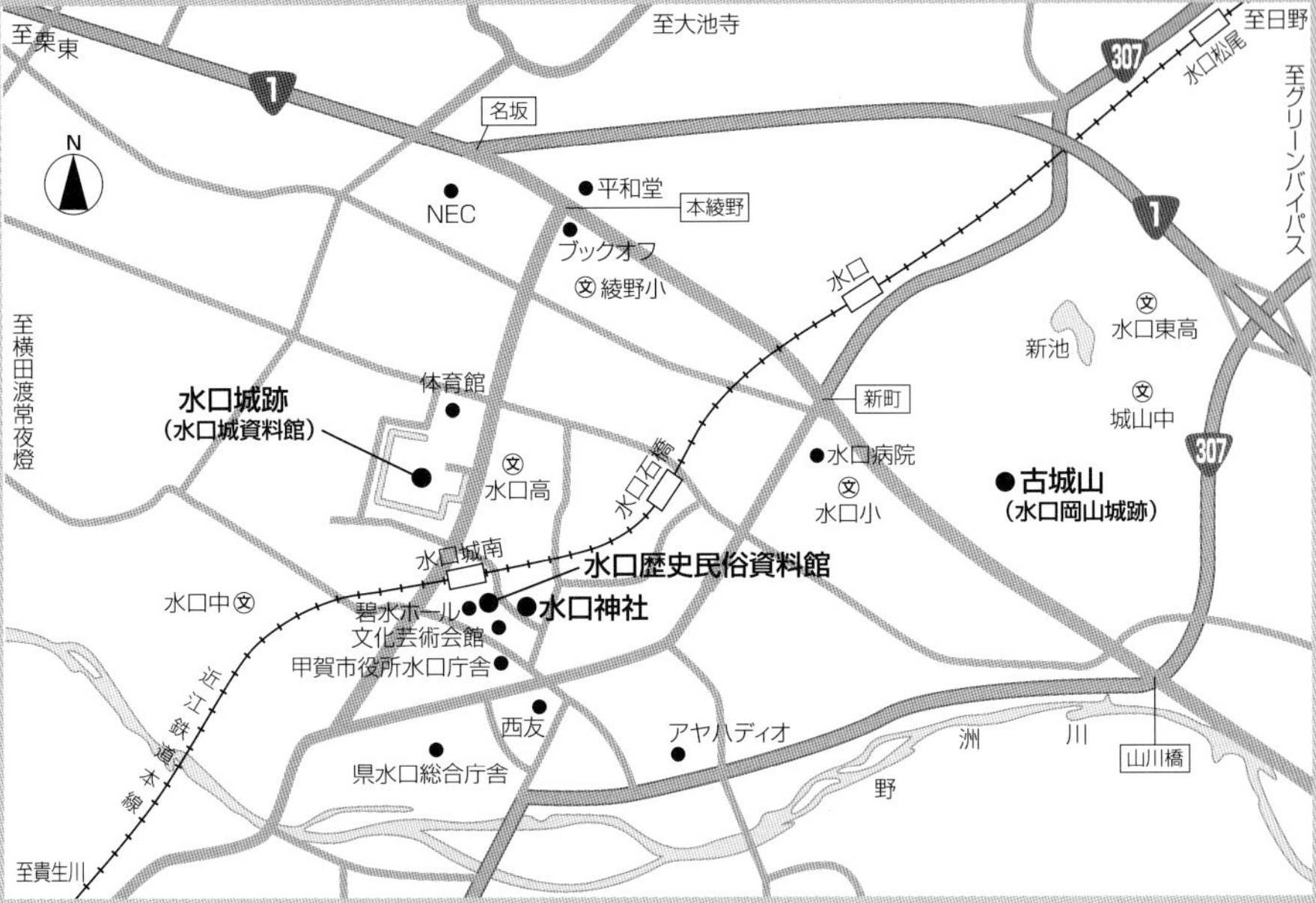

水口を訪ねる

◇電車で　近江鉄道水口城南駅から徒歩４分（水口城跡）
◇車で　名神栗東ICから30分／八日市ICから30分／東名阪亀山ICから40分（水口城跡）

水口城跡《みなくちじょうあと》

徳川家光の上洛にあわせて築かれた城で、その後水口藩の居城となった。湧水を利用した美しい水堀があったことから「碧水城」とも呼ばれる。
所甲賀市水口町本丸　☎0748-63-5577（水口城資料館）

水口城資料館《みなくちじょうしりょうかん》

水口城の一部残った石垣の上に角櫓が復元され、水口城資料館として公開。武具や史料、築城当時の100分の１の模型などが展示されている。
所甲賀市水口町本丸　☎0748-63-5577　時10：00～16：00　休月曜日、年末年始　P40台（大型可）

水口曳山祭《みなくちひきやままつり》

例年４月20日に行われる水口神社の例祭。前日の宵宮祭には、宵宮ばやしが行われ、祭の当日には、趣向を凝らした「ダシ」を乗せた曳山の巡行が見もの。

☎0748-62-0231（水口神社）　◇近江鉄道水口城南駅下車徒歩３分

水口神社《みなくちじんじゃ》

江戸時代には水口宿の繁栄とともに社殿が整備され、藩主の保護を受け「大宮さん」と呼ばれ親しまれてきた。女神坐像は国の重要文化財。
所甲賀市水口町宮の前　☎0748-62-0231　◇近江鉄道水口城南駅下車徒歩３分　P20台

水口歴史民俗資料館《みなくちれきしみんぞくしりょうかん》

「曳山の館」とも呼ばれ、第１展示室には現存する16基の曳山から毎年１基を交替で展示している。第２展示室では古墳時代の出土品や中世の古文書、焼物、細工物などを収蔵展示。
所甲賀市水口町水口　☎0748-62-7141　時10：00～17：00　休月曜日、年末年始　◇近江鉄道水口城南駅下車徒歩１分　P10台（大型可）

巌谷一六・小波記念室《いわやいちろく・さざなみきねんしつ》

歴史民俗資料館に併設。明治を代表する書家・巌谷一六と、わが国の児童文学の創始者・巌谷小波親子の作品を展示している。

古城山《こじょうざん》（水口岡山城跡《みなくちおかやまじょうあと》）

古城山は大岡山とも称し、標高約283m。戦国時代、この山に水口岡山城が築かれていたが、関ヶ原の戦いのときに落城した。現在は「水口郷土の森」として整備され、山頂から町が一望できる。
所甲賀市水口町水口　☎0748-62-1621（水口観光協会）　◇近江鉄道水口駅から徒歩20分　P10台

大池寺《だいちじ》

天平年間に行基が開山した寺と伝えられる。寺の周辺には「心」の形をした４つの池があり、寺名の由来と言われている。書院の東側にある蓬莱庭園は小堀遠州の作庭と伝えられ、サツキの二段刈込みで大波小波を表した観賞式枯山水庭園。
所甲賀市水口町名坂　☎0748-62-0396　◇JR貴生川駅からバス大池寺下車徒歩５分　P70台（大型可）

高島

たかしま

白砂青松の湖岸沿いに織田信長の甥・信澄《のぶすみ》が築いた大溝《おおみぞ》城があった。

旧城下町高島では往時の面影を残す商家や蔵を再生した民家に人気が集まる。

古来より琵琶湖西岸の湖上交通の要衝として栄え、鴨稲荷山《かもいなりやま》古墳、白鬚《しらひげ》神社など歴史的遺産が数多く、日本の滝百選の「八ツ淵の滝」、日本の棚田百選の「畑《はた》の棚田」、日本の渚百選の「萩の浜」など、自然の恵みが息づく。

➡石垣だけが残る大溝城跡
新庄城（高島市新旭町）にいた織田信澄（信長の甥）が、安土桃山時代に築城したもので、商家や寺院などをここに移して城下町をつくった。城堀を内堀とし、乙女ヶ池を外堀とする水城であり「鴻溝城（こうこうじょう）」とも呼ばれる。

⬆大溝まつり
日吉神社の春の例祭で、湖西地方随一の曳山祭。例年５月３月に宵宮祭、４日に本祭、５日に後宴祭を行う。祭礼には、勝野の５地区から各１基、合計５基の曳山が出て、笛、太鼓、鉦の囃子で町内を巡る。

⬆乙女ヶ池近くの勝野港

大溝城と大溝藩

信長が築かせた大溝城

天正元年（１５７３）、浅井《あざい》から高島を掌中に入れた織田信長は、磯野《いその》員昌《かずまさ》を家臣に加え、新庄城（高島市新旭町）を与えて高島郡一円を支配させた。

甥の信澄を養子とした信長は、天正6年（１５７８）大溝城（高島市勝野）を築かせた。義父にあたる明智光秀が設計・管理にあたったといわれる。交通の要として近江に重点をおいた信長の戦略で、東に安土城、北に長浜城、南に坂本城、そして西に大溝城と4つの水城がつくられた。大溝城本丸は2段の石垣を残すだけであるが、築城当時は周辺の水田と琵琶湖の内湖を巧みに利用した美しい浮城であったと想像される。天守台の横に広がる内湖は乙女ヶ池と呼ばれ、天平宝字8年（７６４）恵美押勝《えみのおしかつ》（藤原仲麻呂）の乱において「鬼江」として登場する。

天正10年（１５８２）本能寺の変で光秀が信長に謀反を起こすと、信澄は光秀の女婿ということで丹羽長秀に攻め殺された。信澄亡き後、長秀が高島郡を領有し、上田重安、加藤光泰、生駒親正らが城主となり、京極高次も一時期、城主であった。

元和5年（１６１９）分部《わけべ》光《みつ》信《のぶ》が入封するまでは、荒廃していたが、光信は陣屋をつくるなど整備をすすめ、明治維新まで分部氏の治世が続いた。

⬆歴史の重みを感じさせる商家のたたずまい

➡城下町時代の名残りの惣門

城下町の遺構・惣門

山裾には、大溝藩主分部家の菩提寺圓光寺《えんこうじ》があり、墓地の脇の石段をあがると江戸時代の北方探検家近藤重蔵《じゅうぞう》の墓がある。

城下町の面影を伝える遺構は多くはないが、町の随所には城下町時代の町名を示した表示板が設置されている。排水溝が引かれ、整備されたまちなみが往時の名残りを伝える。城の遺構としては唯一惣門《そうもん》が残る。

高島市の旧高島町域や安曇川・新旭町からは盛岡（岩手県）の城下町の建設に尽力した高島商人が多く出ているが、いずれも、盛岡の南部地域に移り住んだため、その痕跡はほとんど残っていない。

⬆白鬚神社の大鳥居
湖中にある朱塗りの大鳥居が有名で、延命長寿、縁結び、子授け、開運招福の神様として信仰されている。祭神は猿田彦命。現在の本殿は慶長８年（1603）に造営されたもので、昭和13年に国の重要文化財に指定された。境内には、与謝野寛（鉄幹）・晶子夫妻が訪れた時に詠んだ歌碑がある。

⬇鵜川四十八体石仏群
草深い山中の墓地に花崗岩石でつくられた高さ約1.6mの阿弥陀如来坐像群は、観音寺城城主の佐々木六角義賢が亡き母の菩提を弔うため、琵琶湖の対岸にあたる鵜川に建立したもの。現在鵜川に33体、大津市坂本の慈眼堂に13体がそれぞれ安置されており、残り２体は行方知れずになっている。

➡たかしまアイルランド交流館「びれっじ」
高島市の文化・特産品を展示販売する「たかしま館」、アイルランドを紹介する「アイルランド館」など、びれっじ1～6号館として次々と古い商家を再生した観光施設が生まれている。

文化の香り漂う城下町散策

高島市勝野には、城下町時代の重要な施設であった水路が今も道路の中央に通り、藩政時代の町名の由来が書かれた道標が楽しい。鮒寿司の老舗や、酒蔵・天然酢など、スローフードの典型といわれる醸造業の店がいくつか見られる。一方、万葉集が多く詠まれた土地でもあり、ゆかりの地には万葉歌碑が建っている。

　財政的基盤の弱い大溝藩ではあったが、学問への感心は高く、諸藩にさきがけて藩校が開校された。日本の陽明学の祖といわれる中江《なかえ》藤樹《とうじゅ》は「知行合一《ちこうごういつ》」「致良知《ちりょうち》」を説き、藩主分部氏や藩士は、藤樹を深く尊敬していた。学問・文化を奨励した大溝藩では、前田梅園によって藩史『鴻講録』を著し、各地の文人との活発な交流は大きな成果を見ている。

高島を訪ねる

◇電車で　JR湖西線近江高島駅から徒歩３分（大溝城跡）
◇車で　国道161号志賀バイパス比良ランプから15分（大溝城跡）

白鬚神社《しらひげじんじゃ》

湖中にある朱塗りの大鳥居は国の重要文化財。祭神は猿田彦命。
所高島市鵜川　☎0740-36-1555　◇JR近江高島駅から車で５分　P50台

鵜川四十八体石仏群《うかわしじゅうはったいせきぶつぐん》

観音寺城城主の佐々木六角義賢が亡き母の菩提を弔うため、琵琶湖の対岸にあたる鵜川に建立した仏像群。
所高島市鵜川　☎0740-36-8135（高島観光協会）　◇JR近江高島駅から車で５分　Pなし

大溝城跡《おおみぞじょうあと》

織田信澄（信長の甥）が安土桃山時代に築城したもので、乙女ヶ池を外堀とする水城であった。
所高島市勝野　☎0740-36-8135（高島観光協会）　◇JR近江高島駅から徒歩３分　Pなし

乙女ヶ池《おとめがいけ》

万葉の時代、「香取浦」と呼ばれた乙女ヶ池一帯は、山の麓まで琵琶湖の入江になっていた。近年は内湖となり、多くの釣り人に親しまれている。
所高島市勝野　☎0740-36-8135（高島観光協会）　◇JR近江高島駅から徒歩５分　P10台

近藤重蔵の墓《こんどうじゅうぞうのはか》

近藤重蔵は江戸時代末期の北方探険家で、臨済宗東福寺派の瑞雪院に墓標がある。重蔵は1799年初めて択捉島に標柱を立て、この島の領土化と先住民の同化政策を行った。晩年、長男が犯した罪で大溝藩に預けられこの地で没した。
所高島市勝野　☎0740-36-8135（高島観光協会）　◇JR近江高島駅から徒歩10分　Pなし

たかしまアイルランド交流館「びれっじ」《たかしまあいるらんどこうりゅうかん「びれっじ」》

古い商家を改修した「びれっじ」は１～６号館まであり、地元高島市の文化・特産品を展示販売する「たかしま館」、アイルランドを紹介する「アイルランド館」、土蔵を改装したカフェやイタリア料理のレストランなどがある。
所高島市勝野　☎0740-36-1266　時10:00～20:00（各館により異なる）　休月曜日　◇JR近江高島駅から徒歩10分　P30台

四高桜の碑《しこうざくらのひ》

昭和16年旧制第四高等学校（現在の金沢大学）のボート部員が萩の浜沖で遭難死したのを悼び１周忌に1000本の桜を植えるとともに碑が建てられた。このことを歌った「琵琶湖哀歌」は今も愛唱されている。
所高島市勝野　☎0740-36-8135（高島観光協会）　◇JR近江高島駅から徒歩20分　P100台

鴨稲荷山古墳《かもいなりやまこふん》

全長60ｍ以上の前方後円墳で墳丘には埴輪が立ち並べられていたという。石棺からは金銅冠・金製耳飾・鏡・玉類などの副葬品が発見され、朝鮮半島の出土品と似ているため、大陸との交流関係も推測されている。
所高島市鴨　☎0740-36-1553（高島歴史民俗資料館）　◇JR近江高島駅から車で５分　Pなし

高島歴史民俗資料館《たかしまれきしみんぞくしりょうかん》

鴨稲荷山古墳の近くにあり、鴨遺跡から出土した副葬品などのほか、実際に使われていた民具やパネルも展示されており、高島の歴史や民俗がわかりやすく紹介されている。
所高島市鴨　☎0740-36-1553　時9:00～16:00（土曜日は11:30まで）　休月曜日、土曜日の午後、祝日、年末年始　◇JR近江高島駅から車で5分　P８台

日野《ひの》

戦国時代を生き抜いた蒲生氏の城下町。「文武二道の総大将」と呼ばれた蒲生氏郷のもと産業が振興し、この地から全国を商圏とする商人が生まれる基盤となった。

←蒲生氏郷の像
近江日野城6万石から伊勢松が嶋（三重県松阪市）12万石、会津若松（福島県）92万石という破格の栄進をした蒲生氏郷は、生まれ育ったこの日野で産業振興策を展開。やがて全国に雄飛する商人が誕生した。

➡日野祭
800年の歴史がある馬見岡綿向神社の春の祭礼。各町内の曳山が神社に勢揃いし、神輿が繰り出される。関東に出かけた日野商人も祭りを楽しみに帰郷したという。

⬅鎌掛谷のホンシャクナゲ
標高300～400メートルの赤松林の中に約2万本のホンシャクナゲが群生。高山植物が低地に群生していることは珍しく、国の天然記念物の指定を受ける。例年4月下旬から5月初旬が見頃。

⬅音羽城跡
日野一帯を全望できる高台に蒲生定秀が築城。大永3年（1523）に蒲生秀紀とその叔父高郷との宗家争いで8ヶ月の籠城の末、落城した。

中世以来の蒲生氏と氏郷の生涯

織田信長と蒲生氏郷

佐々木六角氏の武将であった蒲生《がもう》氏は、音羽城を拠点に鎌掛《かいがけ》城、中野城を支城に5万石を領していた。南北朝時代に創建された音羽城は、身内の争いで大永3年（1523）に廃城となり、その後は日野城（中野城）を拠点に400年余り統治していた。

蒲生氏の本城となった日野城は、天文3年（1534）に大改修され、戦術が大きく変化するなか、石垣や城壁を高くし、堀も2重にして鉄砲の襲撃に備えた堅固な作りとなった。蒲生氏郷《うじさと》はここで弘治2年（1556）に誕生した。

信長の観音寺城攻めの後、氏郷の父賢秀《かたひで》は信長に屈したことで、氏郷は岐阜の信長のもとへ人質として送られた。15歳の時であった。岐阜での氏郷の挙動からその並はずれた能力を見込んだ信長は、娘の冬姫《ふゆひめ》を氏郷に嫁がせ、人質を解いて、日野に戻した。わずか1年の岐阜での生活であった。

天正4年（1577）、信長が安土で築城を開始すると家臣を安土に送り出し、信長の進撃のなか、めざましい活躍を続けた。信長が本能寺で倒れると信長の正室や娘を日野城で保護するなど活躍をみせる。信長亡き後も豊臣秀吉の家臣の一人として、銀に輝く鯰《なまず》の兜で戦う氏郷の名は天下に鳴り響いていった。

➡感応丸の看板
日野商人の代表的な扱い商品の「感応丸」は正野玄三によって開発された。近江商人の出店で販売したので、その販売網は全国に広がった。

日野商人の誕生

人質時代、岐阜で信長の産業振興のようすを目の当たりにした氏郷は、日野椀の製造を奨励し楽市楽座を制定するなど積極的な産業振興政策をおこなったので、城下町は次第に繁栄し、やがて全国を商圏とする商人が誕生する地盤をつくったのであった。

しかし、天正12年（１５８５）、秀吉は氏郷に伊勢松が嶋（三重県松阪市）への転封を命じた。南北朝以来、４００年にわたる蒲生氏の日野での治世は終わった。ところが、氏郷を慕う商人が、氏郷の転封先である伊勢や会津（福島県）へと移り、各地に産業や文化を伝えていった。日野椀の伝統が会津に伝わり、現在の会津漆器《しっき》が誕生したといわれる。

キリスト教の洗礼を受け、利休七哲の筆頭でもあった氏郷は、千利休に「文武二道の総大将」と評された。天下をねらえる地位にもあったが、会津に7層の天守閣が完成するころには病の身となり、文禄4年（１５９５）、40歳の若さでその生涯を終えた。関ヶ原の戦いが始まる5年前のことである。

その後蒲生家は世継ぎに恵まれず、寛永11年（１６３４）忠知の死去で蒲生家は断絶した。氏郷を慕って会津に出かけた家臣が日野への帰路のためのわずかな路銀を求めて始めた商いが、日野商人誕生の要因であるともいわれている。ひばり野に立つ氏郷像は右手には筆を左手には帳面を持ち、文武二道の総大将にふさわしいたたずまいを見せている。

⬆近江商人の旧宅が並ぶ村井付近
高田敬輔の「雲龍」の水墨画がある信楽院（しんぎょういん）は、蒲生氏の菩提寺として栄え、氏郷の供養塔がある。

➡近江日野商人屋敷
関東で醸造業を営む山中兵右衛門宅を公開し、日野商人の歴史や扱い商品を紹介。日野商人の足跡が学べる。

⬅日枝神社の「ほいのぼり」
日枝神社の春の祭礼には、この地方特有の「ほいのぼり」が各町内から奉納され、境内を華やかに彩る。

⬇馬見岡綿向神社の千両松
関東で稼いだ千両を松の盆栽に埋めて郷里に持ち帰った日野商人が無事帰還できたことに感謝して植えた盆栽が、今や大きく生長し「千両松」と呼ばれる。

➡馬見岡綿向神社
蒲生氏が城下町を開いた頃に、綿向山から現在地に移された。境内には、日野商人の寄進による社殿や石灯籠が多い。

蒲生氏郷と茶道

文武両道に優れた武将として評価される蒲生氏郷は、平和の道を尊ぶ茶道の精神を政治の道として選び、侘茶に傾注し、利休七哲の筆頭に上げられる。ときによって七哲は顔ぶれが異なったが、氏郷と細川忠興は不動の位置にあった。ほかには高山右近、柴山堅物《けんもつ》、瀬田掃部《かもん》、牧村兵部《ひょうぶ》、古田織部《おりべ》をいう。利休は晩年、氏郷に利休七種のひとつ楽長次郎の茶碗「早船」を譲っていることからも、利休と氏郷の深いかかわりを知ることができる。

秀吉と利休の間に大きな亀裂ができると、利休の身を案じた氏郷は会津から急遽、別の口実で秀吉の下に走ったがすでに利休は堺に蟄居《ちっきょ》を命じられ、氏郷が口を挟む余地はなく、天正19年（1591）2月28日、利休は京都で自刃《じじん》した。

利休亡き後、その息子の行く末を案じた氏郷は、秀吉に願いでて、二子の少庵を会津に連れ帰り、みずからが指示して茶室、庭園を整え、少庵は会津で氏郷とともに利休の侘茶の伝統を伝えていった。

秀吉の伏見城が完成した頃、氏郷は病を押して京に出向き、秀吉に少庵の赦免《しゃめん》を願いでている。利休を死に追いやった秀吉ではあったが、その願いを聞き入れた。この朗報を聞いた少庵が急ぎ京に着いたときにはすでに氏郷は危篤状態になっており、やがて40歳の若さで生涯を閉じた。

秀吉の寛大な措置は意外とも感じられる。千家の人びとが家康や氏郷に庇護《ひご》された背景には、利休の遺徳の偉大さもさることながら、当時、茶道が文化的、政治的に非常に大きな影響力をもっていた証拠ともいえよう。

氏郷が腐心して建築した茶室「麟閣《りんかく》」は会津に残る。

➡会津に残る麟閣

日野を訪ねる

◇電車で　近江鉄道日野駅からバス大窪下車徒歩３分（近江日野商人館）
◇車で　名神八日市ICから20分／竜王ICから25分（近江日野商人館）

馬見岡綿向神社《うまみおかわたむきじんじゃ》

壮大な境内の拝殿や本堂をはじめ、日野商人が寄進した石灯籠や石橋がある。春の例祭には町内の山車が勢ぞろいする。
所日野町村井　☎0748-52-0131　◇近江鉄道日野駅からバス向町下車徒歩３分　P５台

近江日野商人館《おうみひのしょうにんかん》

静岡県御殿場に出店して大成した日野商人・山中兵右衛門の旧宅。典型的な日野商人本宅の特徴を今に伝え、家の表側は富を誇示するような建て前ではなく、厳格さとつつましい生活態度がよく表われている。
所日野町大窪仕出町　☎0748-52-0007　時9:00〜16:00　休月・金曜日、年末年始　◇近江鉄道日野駅からバス大窪下車徒歩３分　P15台

信楽院《しんぎょういん》

聖武天皇が創建、蒲生氏の菩提寺として栄えた。本堂天井画の高田敬輔「雲龍」が見事。
所日野町村井　◇近江鉄道日野駅からバス村井本町下車すぐ　P８台

滋賀農業公園「ブルーメの丘」《しがのうぎょうこうえん「ぶるーめのおか」》

中世ドイツの農村をイメージした体験観光施設。牛、馬、羊、ヤギなどの動物が飼われており、ソーセージづくりや乳しぼり体験などもできる。
所日野町西大路　☎0748-52-2611　時9:00〜18:00（季節によって変更あり）　休12〜2月は水曜日　◇近江鉄道日野駅からバス幅野町下車すぐ◇竜王ICから車で30分／八日市ICから車で20分　P3120台（大型可）

正法寺《しょうほうじ》（藤の寺）

例年５月上旬から中旬に、樹齢約300年のフジが棚いっぱいに開花する。松尾芭蕉の句碑などの文化財も多い。
所日野町鎌掛　☎0748-52-6577（日野観光協会）　◇近江鉄道日野駅からバス鎌掛下車徒歩10分　P40台（大型可）

鎌掛谷ホンシャクナゲ群落《かいがけだにほんしゃくなげぐんらく》

鎌掛谷の南側、標高300〜400ｍのアカマツ林の間約４万㎡に、ホンシャクナゲ約２万本が群生している。高山植物でありながら低地群生しているところは珍しく、国の天然記念物に指定されている。開花時期は例年４月下旬から５月上旬。
所日野町鎌掛　☎0748-52-6577（日野観光協会）　◇近江鉄道日野駅からバス鎌掛下車、徒歩40分※開花期間中は日野駅から臨時バス運行（要問合せ）　P220台

コテージ&オートキャンプ場「グリム冒険の森」《こてーじ&おーときゃんぷじょう「ぐりむぼうけんのもり」》

グリム童話の展示や、自然を生かした体験教室や木工教室などがある。
所日野町熊野　☎0748-53-0809（グリム冒険の森管理事務所）　◇八日市ICから車で30分　P50台

戦国の近江

市立長浜城歴史博物館　太田浩司

１世紀余りに及ぶ戦国史

近江の戦国史は、京都で応仁・文明の乱が勃発した応仁元年（１４６７）から、１世紀余りにわたって続く。その大枠は、守護から戦国大名化していく六角《ろっかく》氏を中心に展開する。同氏は戦国前期には室町幕府と対立関係にあったが、一転して戦国後期には、管領細川家が支える室町幕府を支持する最大の勢力となっていく。したがって、観音寺城（安土町）を本城とする近江の守護家でありながら、その動向は京都の政情と不可分の関係にあった。

一方、六角氏は湖北３郡の勢力と、たえず戦闘状態にあった。近江は12郡から構成されるが、その内湖北３郡は戦国時代を通じて、六角氏の支配下にはなかった。その支配者は、戦国前期は上平寺《じょうへいじ》城（米原市）を本拠した京極氏であり、後期はその家臣から台頭し、小谷《おだに》城（湖北町・長浜市）に拠った浅井氏であった。近江の戦国史は、国内的には六角氏と京極氏・浅井両氏による闘争の歴史と見ることができるであろう。

そして、最後に信長と秀吉が登場し、江戸時代につながる全国政権の基礎を、この近江で形作っていくのである。

なお、湖西高島郡の朽木《くつき》に居を構えた朽木氏は、六角氏からの下知は受けつつもその独立性は高く、京都から避難した室町将軍を数回にわたりかくまうなど、室町幕府と密接な関係を保った。また、蒲生《がもう》郡の音羽・日野によった蒲生氏も、六角氏の家臣として活動しつつも、室町幕府とのパイプをもち、独立した領主としての色が濃い。

応仁・文明の乱と近江

応仁元年（１４６７）、京都で応仁の乱が勃発した。近江の勢力は、湖南の六角氏が山名側（西軍）についたのに対し、湖北の京極氏は細川（東軍）に従った。この時、六角氏の当主亀寿丸（後の高頼《たかより》）は幼少で、室町幕府で侍所頭人をつとめた実力者京極持清の攻撃に耐えられず出奔、近江は東軍の勢力下に入る。

しかし、文明2年（１４７０）八月に京極持清が没すると、形勢は逆転する。京極氏内に継嗣争いがおき、その中から台頭した京極乙童子（後の高清）・政光（乙童子の叔父）が西軍に加担したからである。文明7年には東軍の近江奪還作戦を、西軍の六角高頼は撃退している。以後、湖南の六角高頼の政権、湖北の京極高清の政権が、近江の南北を分有し比較的安定した支配を行った。

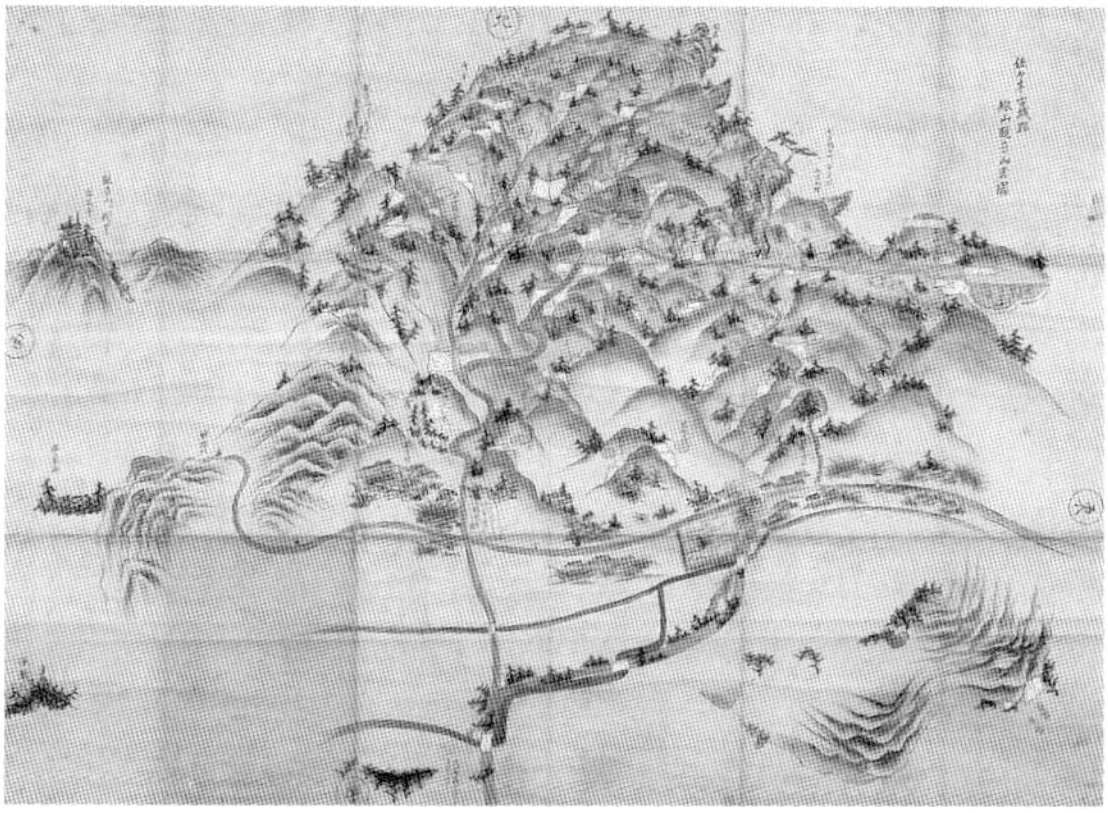

⬅観音寺城の絵図（個人蔵）

室町幕府による「六角征伐」

長享元年（１４８７）9月、将軍足利義尚《あしかがよしひさ》は自ら兵を率いて「六角征伐」に向かった。表向きは寺社や貴族の要望を聞き、その荘園を侵略する六角を討伐する名目であったが、内実は将軍の親衛軍である奉公衆の所領回復が目的であったという。六角高頼は甲賀へ逃亡し幕府軍との正面衝突は避けたが、野洲《やす》川で両軍の激突があり幕府側に大きな損害があった。将軍義尚は鈎《まがり》（栗東《りっとう》市）に陣を据え、甲賀に潜む高頼軍と戦闘を継続したが、戦線は膠着、在陣1年半程たった延徳元（１４８９）3月、陣中に25歳の若さで没した。義尚の六角攻めは、失敗に終わったのである。

延徳3年（１４９１）8月、将軍足利義材《よしき》は再び六角氏を攻めるため近江に進軍した。第2次の「六角征伐」である。今回も六角高頼は甲賀へ逃亡するが、幕府側は六角軍の重鎮山内政綱を園城寺《おんじょうじ》（大津市）に謀殺し主導権を握り、明応元年（１４９２）3月には、神崎郡簗瀬《やなせ》河原（東近江市）の合戦で、六角氏に大打撃を与える。この2回目の六角攻めは、奉公衆の所領確保など一応の成果を上げ、将軍義材は12月には京都へ凱旋する。しかし、義材は翌年の細川政元によるクーデターで将軍職を追われ、近江の六角氏の勢力も復活することになる。

2回の伊庭の乱

六角高頼は、2度の幕府の侵攻をくい止め、領国経営を押し進めていこうとするが、その過程で障害になるのは、家臣内で大きな力を持った伊庭貞隆の存在であった。伊庭氏は、自らの判断で国内の訴訟を裁定するなど、六角氏の権力を脅かしかねない動きをしていた。

文亀2年（1502）10月、六角高頼は貞隆を突然攻撃する。一時、湖西に逃れた貞隆は、幕府の応援を得て攻勢に転じたため、六角高頼は観音寺城を保つことができず、蒲生貞秀の居城音羽城（日野町）に逃れた。翌年3月には、伊庭方の援軍に細川政元の重臣・赤沢朝経が駆けつけるが、6月には両軍講和を結び第1次伊庭の乱は終結した。

六角氏と伊庭氏の対立は、永正5年（1508）に将軍足利義澄が、前将軍足利義尹《よしただ》（義材）によって京都から追われ、伊庭貞隆を頼り岡山城（近江八幡市）に入ってから、再び表面化した。六角高頼は新たに将軍義尹を擁立する細川高時に接近し、伊庭氏と敵対するようになる。永正8年、六角高頼は貞隆の家臣九里員秀を謀殺し、同11年には伊庭貞隆も六角領国から逃亡した。伊庭氏は湖北の京極高清を頼りつつ、永正17年頃まで戦ったが、やがて六角氏の前に屈し第2次の伊庭の乱は幕を閉じている。

伊庭の乱の直後、六角高頼は死去し、家督はその子定頼に受け継がれた。この六角定頼とその子義賢《よしかた》（承禎）の時代は、前代とは逆に京都の将軍足利義晴やその子義輝をもり立てる最大の大名として畿内に君臨した。国内的にも官僚制度が整備され、蒲生氏や朽木氏など独立性が強かった国人をも傘下におさめ、六角氏の全盛時代をつくり出すことに成功した。

京極氏と浅井氏

ここで、湖北に目を転じてみよう。応仁文明の乱以来、湖北では京極高清が政権を保っていた。文明18年（1486）8月、

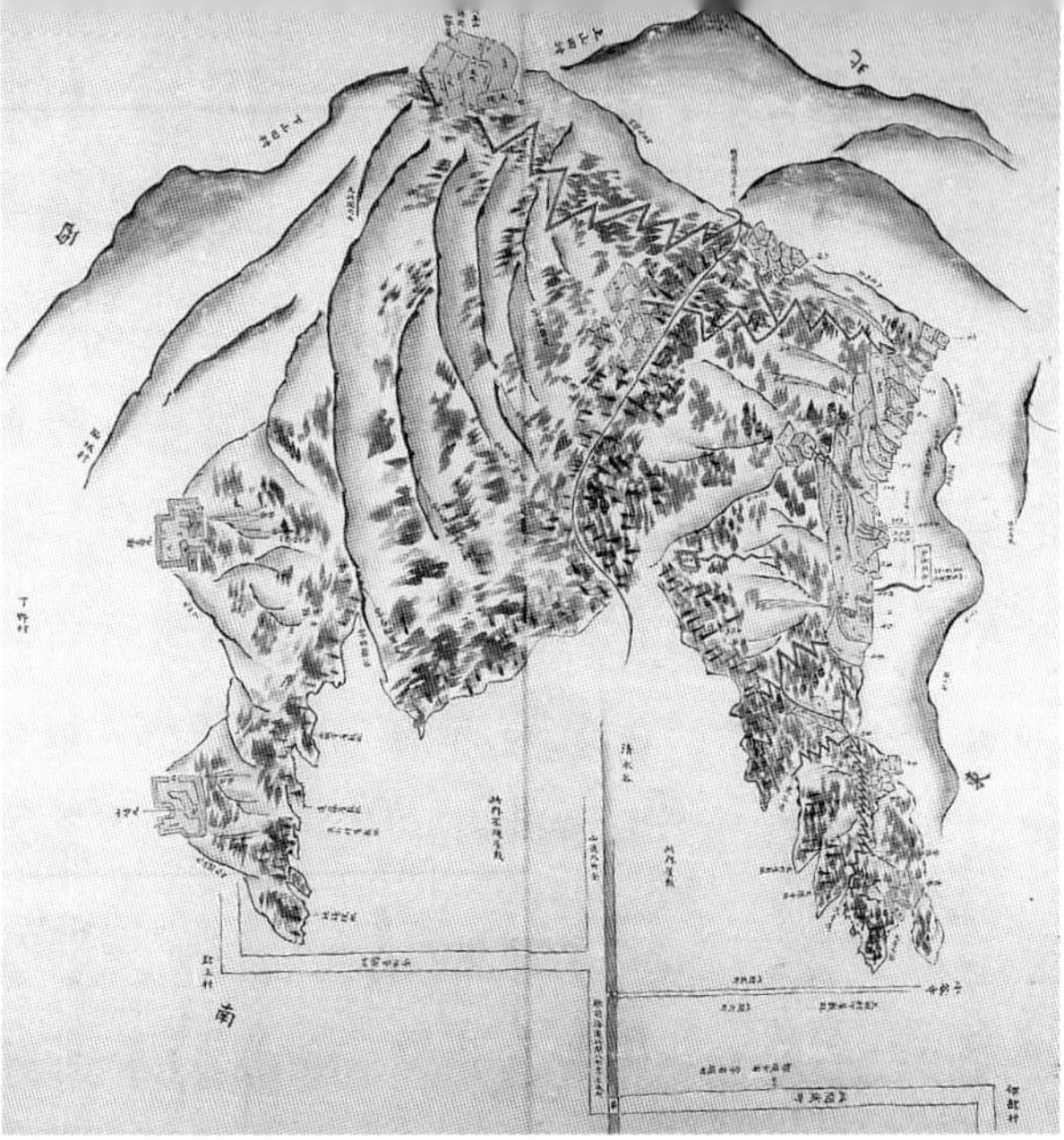

←浅井氏3代が本拠とした小谷城の絵図（市立長浜城歴史博物館蔵）

家臣多賀宗直と対立し、高清は甲賀に逃亡するが、翌年には宗直を月ヶ瀬（虎姫町）に敗死させている。また、延徳2年（１４９０）には出雲に本拠を置いた一族の京極材宗《たねむね》によって湖北を追われ坂本（大津市）に逃れるが、すぐさま美濃斎藤氏の援助などを得て湖北に復帰している。京極材宗は文亀元年（１５０１）と2年に、高清方の今浜城（長浜市）を攻めるが失敗、永正2年（１５０５）冬、箕浦日光寺（米原市）で講和に応じ、京極高清政権はより強固なものとなった。

　ところが、大永3年（１５２３）京極氏内の継嗣争いに、家臣たちの内紛が加わり、湖北は混乱状態に陥る。その中で、浅井郡丁野《ようの》（湖北町）出身で京極家臣であった浅井亮政《すけまさ》が台頭し、天文3年（１５３４）までには小谷城を築城、湖北の戦国大名として覇権を確立していった。この間、大永5年（１５２５）には草野谷（長浜市）付近で、享禄4年（１５３１）には箕浦河原（米原市）で、北上をねらう六角定頼の軍と戦っている。

南北の争いと観音寺騒動

その後も、浅井氏と六角氏の戦闘は続く、天文4年（１５３５）には両者の領国境である佐和山城（彦根市）や鎌刃《かまは》城（米原市）で激しい戦闘があり、同七年には鎌刃城を陥落させた六角軍が国友河原（長浜市）まで進出し合戦となった。しかし、いずれも戦闘では六角氏が優勢を保つものの、湖北の領有権は

⬅観音寺城跡
六角氏の居城で城域は全山にわたり、山城としては日本一の規模を誇るといわれるが、現在は石垣や礎石、側溝を残すのみ。

奪えぬまま戦闘は終結している。

永禄3年（１５６０）8月、浅井長政が六角氏の軍を野良田（彦根市）に粉砕した。長政は浅井亮政の孫であるが、長く六角氏の北進に悩まされ続けてきた浅井氏としては、この勝利は記念的なものであった。浅井長政の家督相続以後、浅井氏の全盛時代が始まる。翌年には、織田信長の妹お市を室として迎え、浅井・織田同盟が成立した。

永禄6年（１５６３）には、六角義賢の子義治が、その家臣である後藤賢豊親子を観音寺城で殺害した。観音寺騒動と呼ばれるこの混乱により、従来からくすぶっていた六角当主と家臣の対立が表面化し、六角氏の力は大きく低下していく。この混乱に乗じて、浅井氏は愛知《えち》郡まで兵を出し、湖南の六角領国の一部までも支配下に置くまで勢力を伸ばしていく。

織田信長の侵攻と秀吉

近江の戦国時代は、織田信長の侵攻によって終末を迎える。永禄11年（１５６８）9月、足利義昭を奉じた信長は上洛のため近江を通過する。六角義賢らはこれを阻止しようとするが、1日で箕作《みつくり》城（東近江市）を落とされ、色を失った六角義賢らは甲賀へ逃亡、伝統ある近江守護家である六角氏は滅亡する。

浅井氏は元亀元年（１５７０）、織田信長の越前朝倉攻めにあって、信長に反旗をひるがえす。同年6月浅井・朝倉の連合軍は、織田・徳川の連合軍と姉川河原（長浜市）で合戦し敗北、以後浅井氏の小谷城は3年間にわたり、木下秀吉を前線に置く織田信長軍の包囲を受け続ける。天正元年（１５７３）9月、信長軍の総攻撃を受けた浅井氏は、長政が自刃し滅亡する。

浅井氏滅亡後、近江国は安土

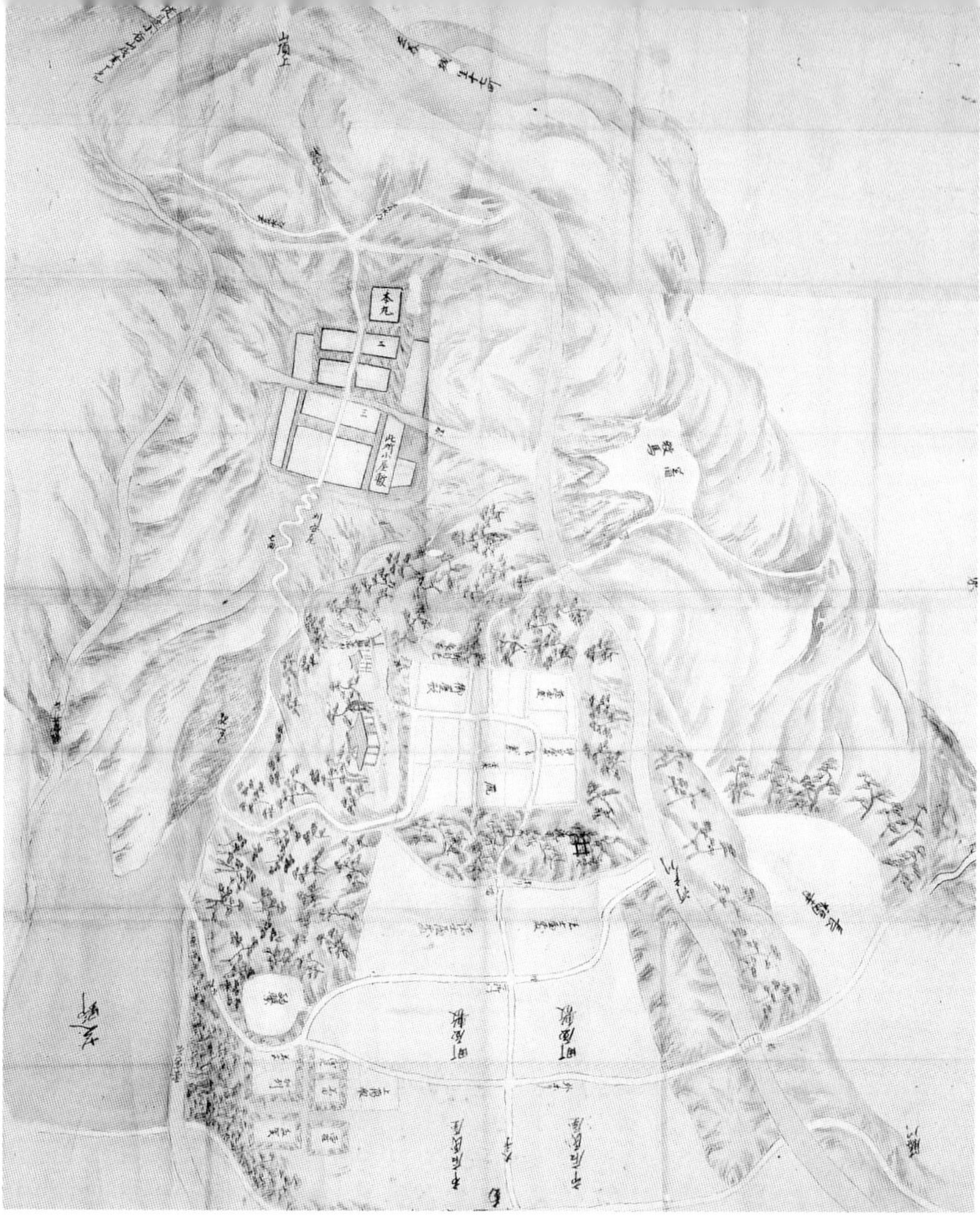

➡湖北の守護家である京極氏が本拠とした上平寺城の絵図（米原市教育委員会蔵）

城（安土町）に本拠を構えた織田信長の領国となる。彼の全国制覇の基地として、国内には坂本城（大津市）の明智光秀、長浜城（長浜市）の羽柴秀吉、大溝城（高島市）の織田信澄など、信長の重臣たちが配置されていくのである。以後、賤ヶ岳（余呉町）合戦を除いて近江では大きな戦闘はない。一方で、天正13年（１５８５）には、豊臣秀次の八幡、その家臣である中村一氏の水口、慶長8年（１６０３）の彦根と、次々に近世的な城と城下町が成立する。近江の戦国史は、統一政権を構築した信長・秀吉が、その基盤をつくる中で終止符がうたれたのである。

近江の城
―その魅力と特質―

米原市教育委員会　中井　均

➡甲賀の城　和田支城の土塁

「城の国」に残る城館跡は約1300ヶ所

琵琶湖を擁する近江は「近《ちか》つ淡海《あわうみ(おうみ)》」の国と呼ばれる湖国であった。戦国時代、この近江には約1300ヶ所にものぼる城館が築かれていた。その分布数は全国的に見ても突出した数であり、まさに近江は「城の国」でもあった。

それらの城館跡は現在も集落背後の丘陵や山頂に曲輪《くるわ》、土塁、空堀などを残している。あるいは集落の中心部分に水堀や土塁を残しており、往時の姿を今に伝えてくれている。

こうした城跡は廃城後かえりみられることもなく、山中にひっそりと眠り続けていたのである。その後の長い歴史は中世の城館像を近世の彦根城のようなものであったという誤った認識から、「何も残っていない」だとか、「たいした城ではなく、砦みたいなものだった」として、まったく評価されなかった。しかし、近年の調査研究により、中世の城は土造りの城であったという実像が明らかにされ、ようやく正しい評価が与えられるようになった。

こうした評価は単に学問的な評価に止まらず、村の城という観点から地元が城跡をまちづくりの核として活用されるようになってきた。何も残らずつまらない砦の跡が、今では郷土の歴史

←観音寺城伝御館の石垣

を伝える重要な遺跡であるとともに、郷土の誇りとして保存されるようになった。こうした近江の城館跡の魅力を探りながら、その特質について探ってみよう。

村落共同体として戦う甲賀の城

近江に分布する中世城館跡の約4分の1にあたる300～400もの城館跡が旧甲賀《こうか》郡に集中している。甲賀の谷筋に張り出した丘陵の先端にはほぼ城が築かれていたとみてまちがいない。これらの城は一辺が30～50mの方形規模のもので周囲にはぶ厚い土塁が巡る。

甲賀地域では戦国時代に同名中と呼ばれる同族組織が誕生し、さらに発展して郡中惣となり、郡内における自治組織が誕生した。こうした組織によって築かれたのが甲賀郡の方形城郭だったのである。大原同名中の掟書には、他所（他地域）と合戦におよんだ場合は「手はしの城」へ兵を入れて戦うことや、敵が来た場合は鐘を鳴らして村に知らせることなどが決められている。ひとつずつの城郭の規模は小さいが、こうして村落共同体として戦う体制を整えていたのである。

最近発掘された竜法師城跡

⬆上平寺城遠望

⬆東本町より清水谷、小谷城を望む

（甲賀市）は方形区画を採らず、尾根筋を堀切で切断した前方に削平地を2段構えた構造となっており眺望が効く。こうした構造に敵を監視し、鐘を鳴らす役割を担った城だったのではないだろうか。

　甲賀の城を村の城とするならば、守護大名や戦国大名の居城はその対極に位置する巨大な城郭である。近江の守護大名佐々木六角氏は南北朝時代以降観音寺城を居城とする。繖山全域に曲輪を築き、その数は１０００を超え、全国屈指の規模を誇る。山麓に残る守護館には高さ５ｍにおよぶ高石垣が築かれている。金剛輪寺に伝わる古文書によれば天文5年（１５３４）に築かれた石垣であり、安土城に先行する40年も以前に高石垣が城郭に導入されていたわけである。おそらくわが国城郭史上最初の本格的な高石垣として位置づけることが可能である。

　また、発掘調査の結果、山上の本丸、池田丸、平井丸から大規模な礎石建物が検出されており、単なる軍事施設ではなく、山上に立派な居住施設が林立していたことも判明した。往時の記録には2階建ての建物も存在したようである。

戦国大名の居城

　湖北では守護京極氏の居城上平寺城や、戦国大名浅井氏の居城小谷城が築かれた。京極氏の上平寺城では山麓の居館に伴う庭園が森林のなかに残されていた。全国に残る武家庭園の大半は発掘調査によって検出されたものであり、上平寺館跡庭園が当時のまま残されていたのは奇跡といってよい。

　古絵図には「御自愛泉石」と記されており、守護京極氏が愛でた庭園であった。山城は元亀元年（１５７０）に浅井長政によって改修されてしまい、京極氏段階の遺構を見ることはできない。しかし、その立地は京極氏時代も同じで、標高６６９ｍという峻険な山頂にその特質をうかがうことができよう。観音寺城も同様に峻険な山頂に位置しており、近江における守護の詰城《つめじろ》は高い山に選地していたという特質を有していたようである。

　戦国大名として北近江を支配した浅井氏は小谷城を本拠とする。本丸や二の丸は最高所に選地せず、中腹の尾根頂部に築かれている。最高峰の大嶽は亮政段階で中心的な曲輪となっていたようであり、やはりここでも急峻な山岳に築きたかったことがわかる。近江の大名たちは構造よりも高さに軍事性を求めたのであろう。さらにこうした山頂には山岳寺院が構えられていた。守護はこの信仰の山に城を築くことによって信仰をも支配し、領民に国主として認められたものと考えられる。その小谷城であるが、大広間と呼ばれる中腹の広大な曲輪が発掘調査され、約3万６０００点におよぶ大量の遺物が出土した。

　普段の山城は生活の場ではなく、軍事的防御の空間であり、戦いの時にのみ使用する施設であったという。しかし小谷城の出土遺物はこうした一元的な考え方では山城は理解できないことを教えてくれた。つまり小谷城では山上の防御空間にも生活空間が存在したことを示している。

　遺物のなかには中国産の梅瓶や酒会壺など、床の間に飾る威信財と呼ばれる高級品が含まれていた。このことより大広間には名前のとおり大広間に相当するような御殿があり、そのなかには床の間が存在したことも明らかとなり、小谷城のような戦国大名クラスの山城では山上にも居住空間が存在したことが明らかとなった。

　なお、出土遺物の99％は土師《はじ》器《き》の皿、いわゆるカワラケであった。このカワラケは酒を飲む器であり、山上の生活空間では毎晩のように宴会が開かれていたようである。御殿における宴会はただ酒を飲むようなものではなく、儀礼の宴であり、山麓居館の宴とは性格の異なる宴が山上で行われていたのであろう。

信長・秀吉の近江における城郭網

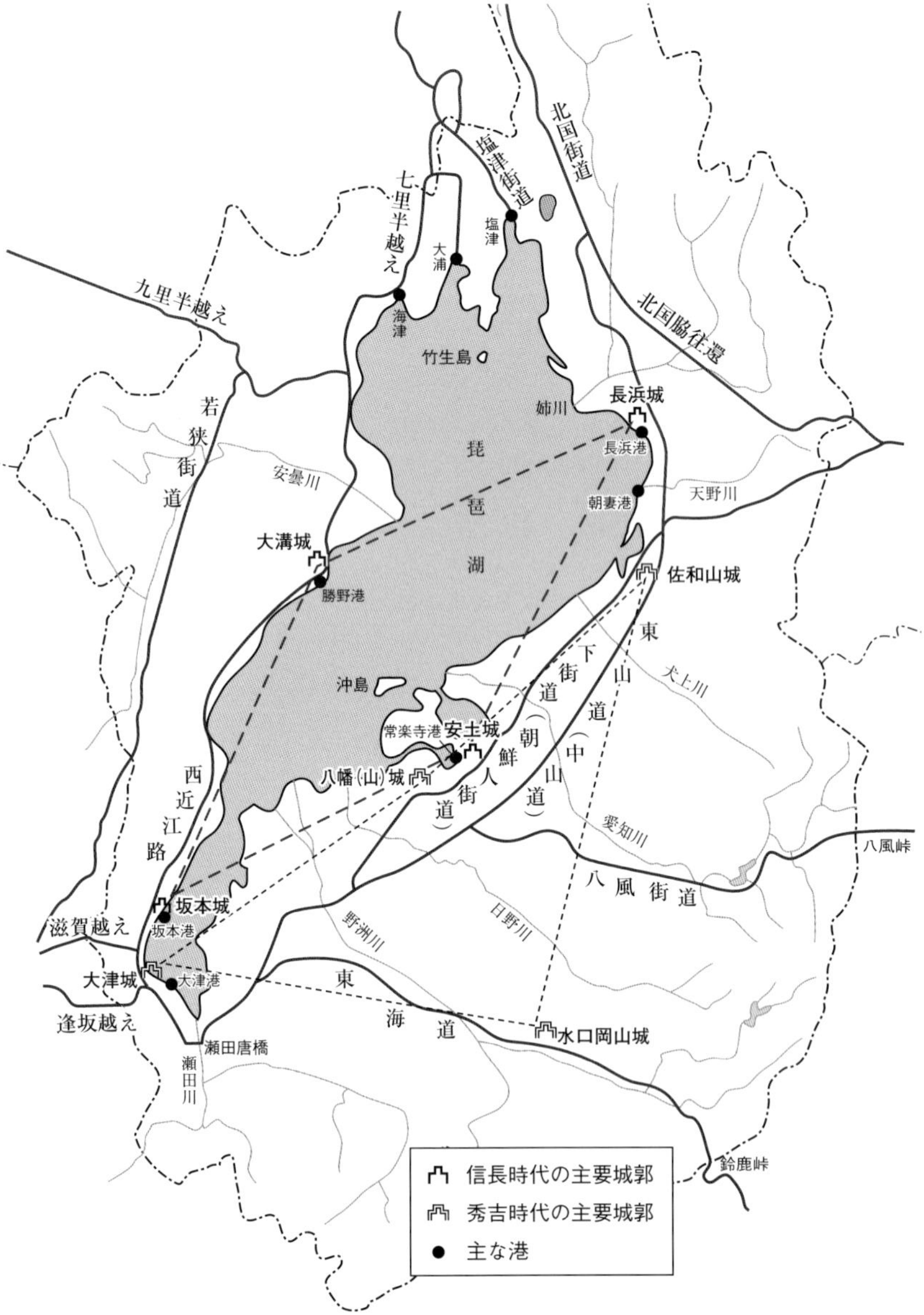

信長・秀吉の近江の城

　さて、最後に織田信長と豊臣秀吉による近江の城郭利用についてみておきたい。天正４年（１５７６）信長は安土城を築く。高石垣、瓦、天主という３つの要素から構成される安土城は近世城郭の始祖として位置付けられる。土の城から石の城への転換は単に軍事的に強固な城郭が出現しただけではなく、見せる城という視覚的な効果をも目論んだものであった。つまり信長の天下布武という理念を具現化した城郭だったのである。

　近江における安土築城前後の築城を検討すると、まず元亀２年（１５７１）滋賀郡支配を任された明智光秀はその拠点として坂本城の築城を開始する。また、天正元年（１５７３）に「江北浅井跡一職」を与えられた羽柴秀吉は長浜城の築城を開始した。さらに天正６年（１５７８）には信長の甥信澄が高島郡支配の拠点として大溝城の築城を開始する。

　こうした諸城には共通点がいくつか見出せる。まず第一に、安土城を含めすべての城が琵琶湖岸に立地している点である。残された絵図などからいずれの城も２～３重の堀に囲まれているが、それらの堀は琵琶湖と直結しているのである。また、坂本城下には延暦寺の外港として栄えた坂本港が、長浜城下には中世問丸のあった長浜港が、大溝城下には古代以来の良港勝野港が位置していた。

　さらに諸城の配置をみると坂本城下では外堀に沿って北国街道（西近江路）が通るとともに京都に至る滋賀越えが交差している。長浜城下でも外堀に沿って北国街道が南北に縦貫している。大溝城下では乙女ヶ池より屈曲して北国街道が走っている。

　このように信長は自らの居城を安土山に定め、近江における配下の築城は城下町経営をおこない得る地であり、制海権を掌握し、軍事的にも陸海要衝の地であるところばかりであった。まさに信長の琵琶湖ウォーターフロント計画と呼べるものであり、その選地や築城について信長の強い意志が介在していたことは疑いない。

　一方、秀吉政権時代の近江の状況は天正13年（１５８５）に秀吉の猶子秀次が八幡（山）城を築城する。同年、中村一氏に

⬇安土城　天主台石垣

よって水口岡山城の築城が開始されるとともに、佐和山城では堀秀政に替わって堀尾吉晴が城主となる。このように天正13年の近江国内では時代に逆行するように山城が築かれたり、山城の城主交替があった。これは関東の後北条氏に対する備えとして近江が大坂の防御正面として位置づけられた結果であった。秀吉政権における近江の城郭網は、信長の「湖の城の城郭網」に対し、山城に依存する「山の城の城郭網」として完成したのである。

　まだまだ、近江の中世城館の魅力は尽きない。そこには１３００の歴史物語が存在する。ぜひ、草木に埋もれた城跡を訪ねて近江の戦国時代を体感していただきたい。

近江の主な城郭・城跡

※本書で紹介した城を中心にまとめた。

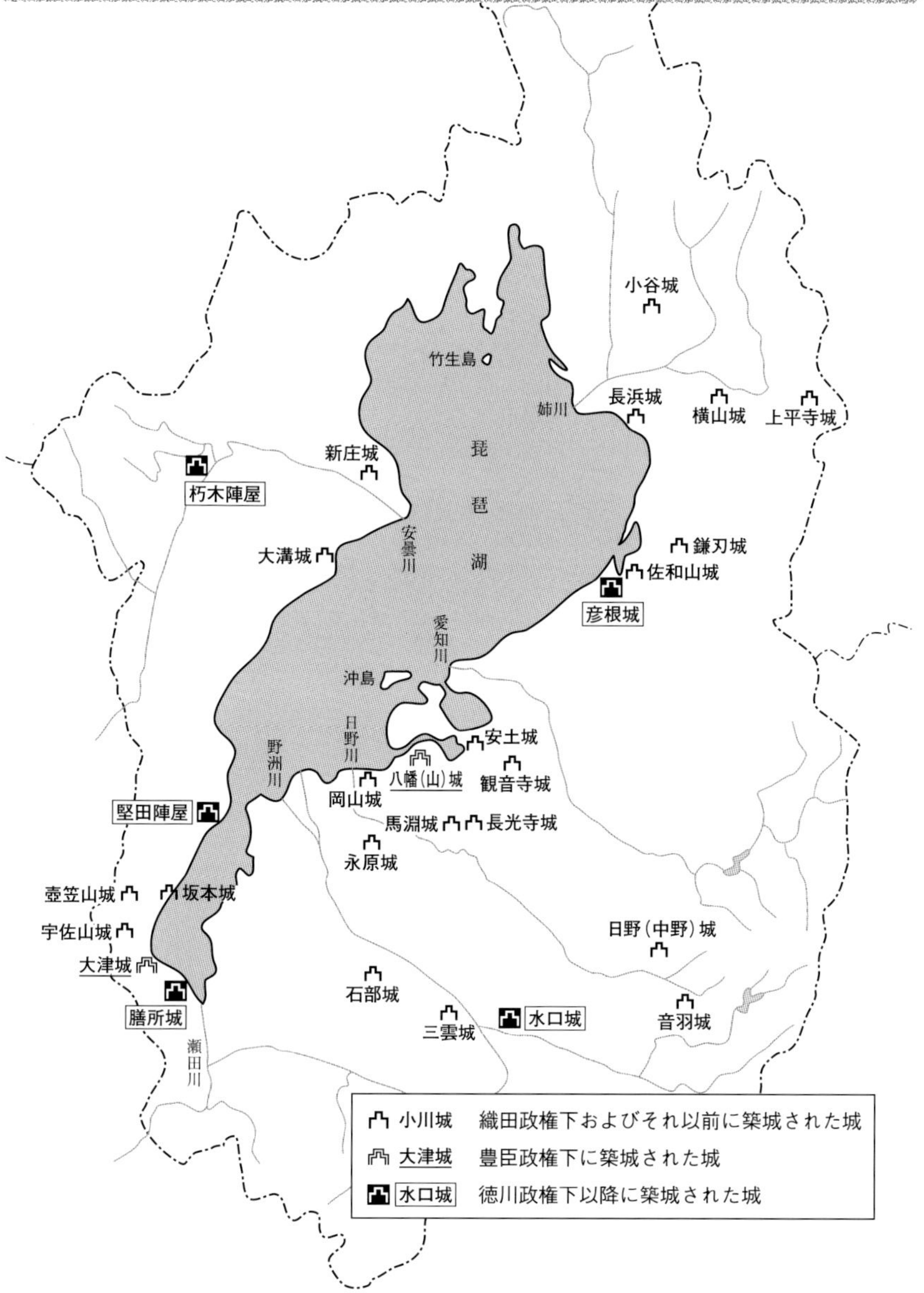

※本書で紹介している城を中心にまとめた。

■野洲市　野洲市教育委員会　077-587-1121

永原城（永原）

永原氏の城館で、のち佐久間信盛が入城。天正2・3年に信長が投宿した。

■日野町　日野町教育委員会　0748-52-6566

音羽城（音羽）

日野城以前の蒲生氏の居城。

日野(中野)城（西大路）

大永5年以後、蒲生氏の本城。

■甲賀市　甲賀市教育委員会　0748-86-8002

水口城（水口町水口）

碧水城ともいわれ、寛永9年に築城。残存していた石垣や堀を平成3年に修復、現在は水口城資料館。

■湖南市　湖南市教育委員会　0748-77-6250

石部城（石部）

石部氏の城。信長により落城。

■大津市　大津市歴史博物館　077-521-2100

膳所城（丸の内町、本丸町）

家康が大津城を移転させて天下平定後最初に築城した水城。現在は公園。

坂本城（下阪本町）

元亀2年に明智光秀が築城した天主を持つ水城。石垣や礎石建物が発掘されている。

大津城（浜大津港）

坂本城廃城にともない築城。礎石や石垣が検出。浜大津港に城跡の石碑が建つ。

宇佐山城（錦織町）

対浅井・朝倉戦で森可成が築城。石垣が良好に残る。

壺笠山城（坂本本町）

浅井・朝倉軍が陣を取る。大手沿いに郭群が残存。

堅田陣屋（本堅田）

堀田正高による陣屋・町割り。

■高島市　高島市教育委員会　0740-32-1132

大溝城（勝野）

織田信長が甥の織田信澄に築かせた水城。天守台石垣が残る。

新庄城（新旭町新庄）

大溝城築城にともない廃城。発掘調査で二の丸・三の丸確認。

朽木陣屋（朽木野尻）

堀・土塁の一部と石垣井戸が残る。朽木資料館が建つ。

近江の主な城郭・城跡

■湖北町　湖北町教育委員会　0749-78-1001

小谷城（郡上・伊部）

浅井3代の居城。姉川合戦で落城後も秀吉が入城するが長浜城築城で廃城。遺構は良好に残る。

■長浜市　長浜市教育委員会　0749-62-4111

長浜城（公園町）0749-63-4611

天正3年に秀吉が再築城。柴田勝豊、山内一豊など城主が代わり、元和元年に廃城。昭和58年の長浜市制40周年に再興され、現在は長浜城歴史博物館。

横山城（石田町）

浅井氏が築城。姉川合戦後、小谷城攻めの拠点として秀吉が入城。周辺は公園になっている。

■米原市　米原市教育委員会　0749-55-2040

鎌刃城（番場）

戦国時代の山城で堀氏の居城。浅井・織田攻防戦の舞台となり、のち信長の直轄となった。堅堀群や石樋が残存。

上平寺城（上平寺）

京極氏の居城。

■彦根市　彦根市教育委員会　0749-22-1411

彦根城（金亀町）0749-22-2742

国宝、琵琶湖八景のひとつ。

佐和山城（古沢町）

石田三成の居城、ハイキングコース。

■安土町　安土城郭調査研究所　0748-46-6144

安土城（下豊浦）

信長天下布武の拠点。近世城郭の原点。本能寺の変後に焼失。近年、大手道や周辺の石垣などの整備作業がすすむ。天主には礎石や石垣が残る。

観音寺城（石寺）

繖山山上に広がる近江守護六角氏の居城。中世山城として全国一の規模を誇る。信長の侵攻で落城

■近江八幡市　近江八幡市教育委員会　0748-33-3111

八幡(山)城（宮内町）

天正13年に豊臣秀次が築城。山麓に居館、八幡堀や町割りはこの時できた。山頂には城郭が残る。

岡山城（牧町）

九里氏の居城で水茎城とも呼ばれる。湖中の浮き城。城跡には石碑が建つ。

長光寺城（長光寺町）

柴田勝家の瓶割りで有名。瓶割城ともいわれる。

馬淵城（馬淵町）

馬淵氏の祖・佐々木宏定の居城。

■近江の旅 便利帖

近江へ行く

※掲載データは2006年4月現在。事前に必ずお確かめください。

電車で

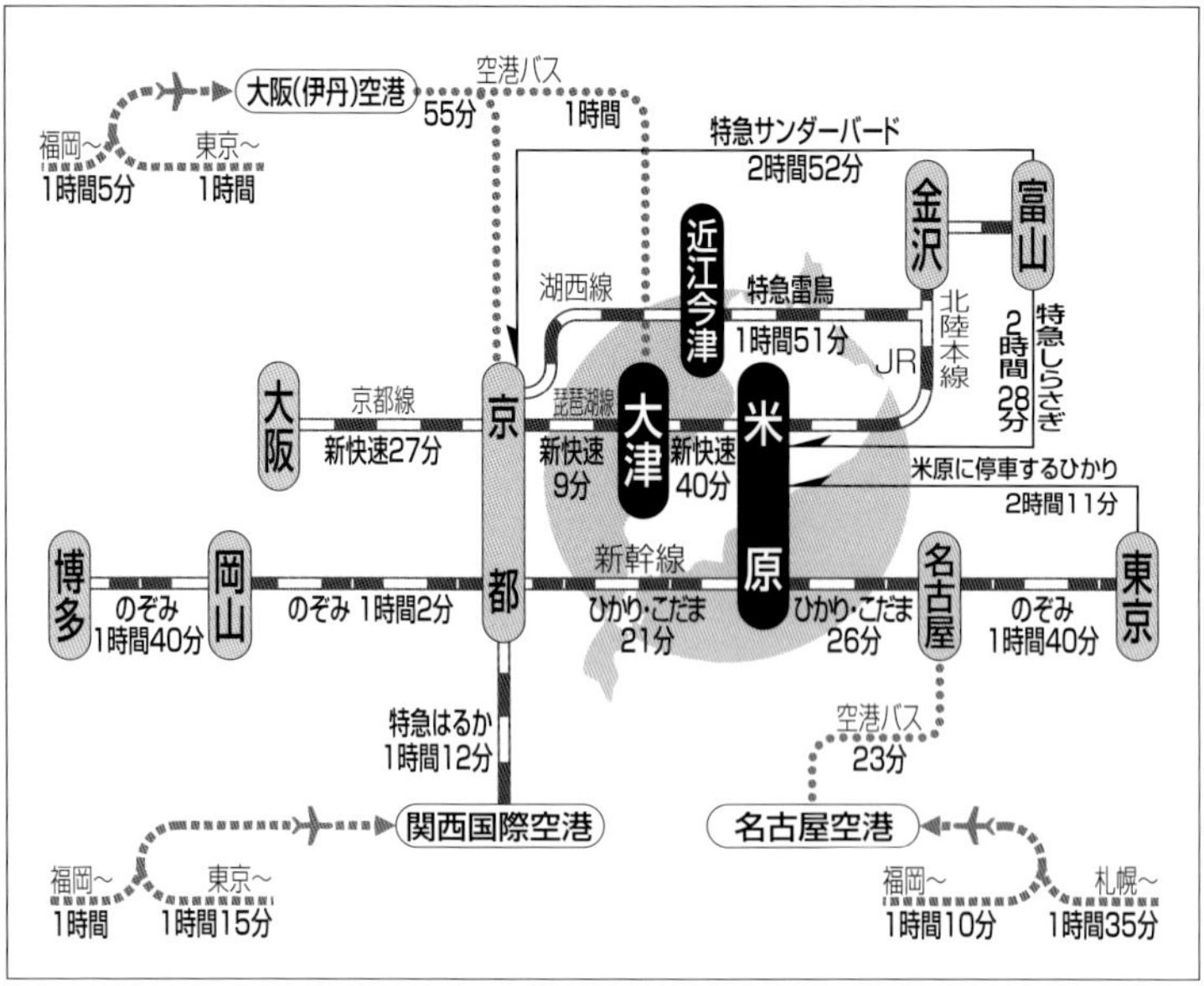

大阪(伊丹)空港
空港バス
55分
1時間
福岡〜
1時間5分
東京〜
1時間
特急サンダーバード
2時間52分
金沢
富山
近江今津
湖西線
特急雷鳥
1時間51分
北陸本線
JR
特急しらさぎ
2時間28分
大阪
京都線
新快速27分
京都
琵琶湖線
新快速
9分
大津
新快速
40分
米原
米原に停車するひかり
2時間11分
博多
のぞみ
1時間40分
岡山
のぞみ 1時間2分
新幹線
ひかり・こだま
21分
ひかり・こだま
26分
名古屋
のぞみ
1時間40分
東京
特急はるか
1時間12分
空港バス
23分
関西国際空港
名古屋空港
福岡〜
1時間
東京〜
1時間15分
福岡〜
1時間10分
札幌〜
1時間35分

車で

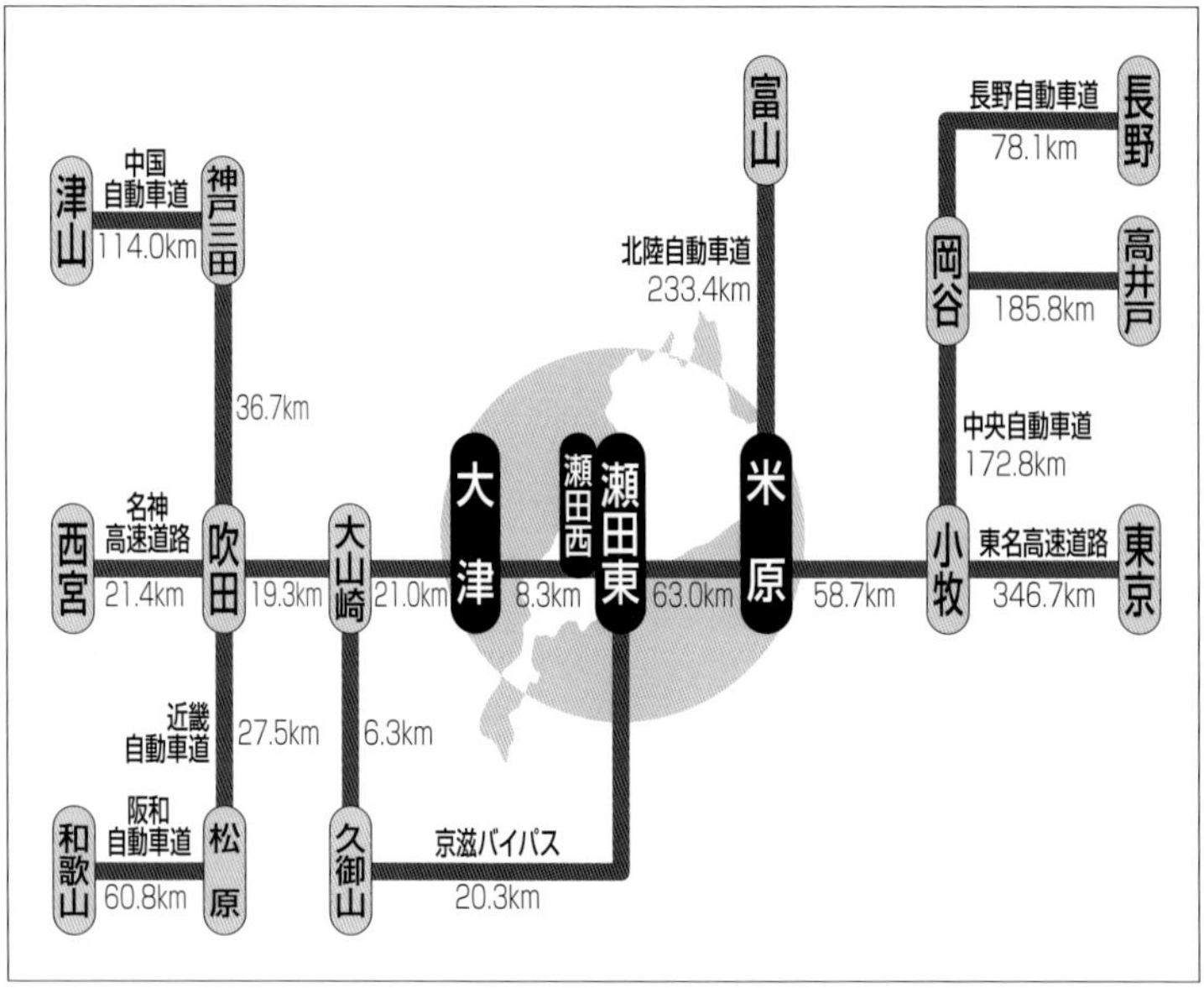

富山
長野自動車道
長野
78.1km
津山
中国
自動車道
114.0km
神戸三田
北陸自動車道
233.4km
岡谷
185.8km
高井戸
36.7km
中央自動車道
172.8km
西宮
名神
高速道路
21.4km
吹田
19.3km
大山崎
21.0km
大津
8.3km
瀬田西
瀬田東
63.0km
米原
58.7km
小牧
東名高速道路
346.7km
東京
近畿
自動車道
27.5km
6.3km
和歌山
阪和
自動車道
60.8km
松原
久御山
京滋バイパス
20.3km

移動する

電車で

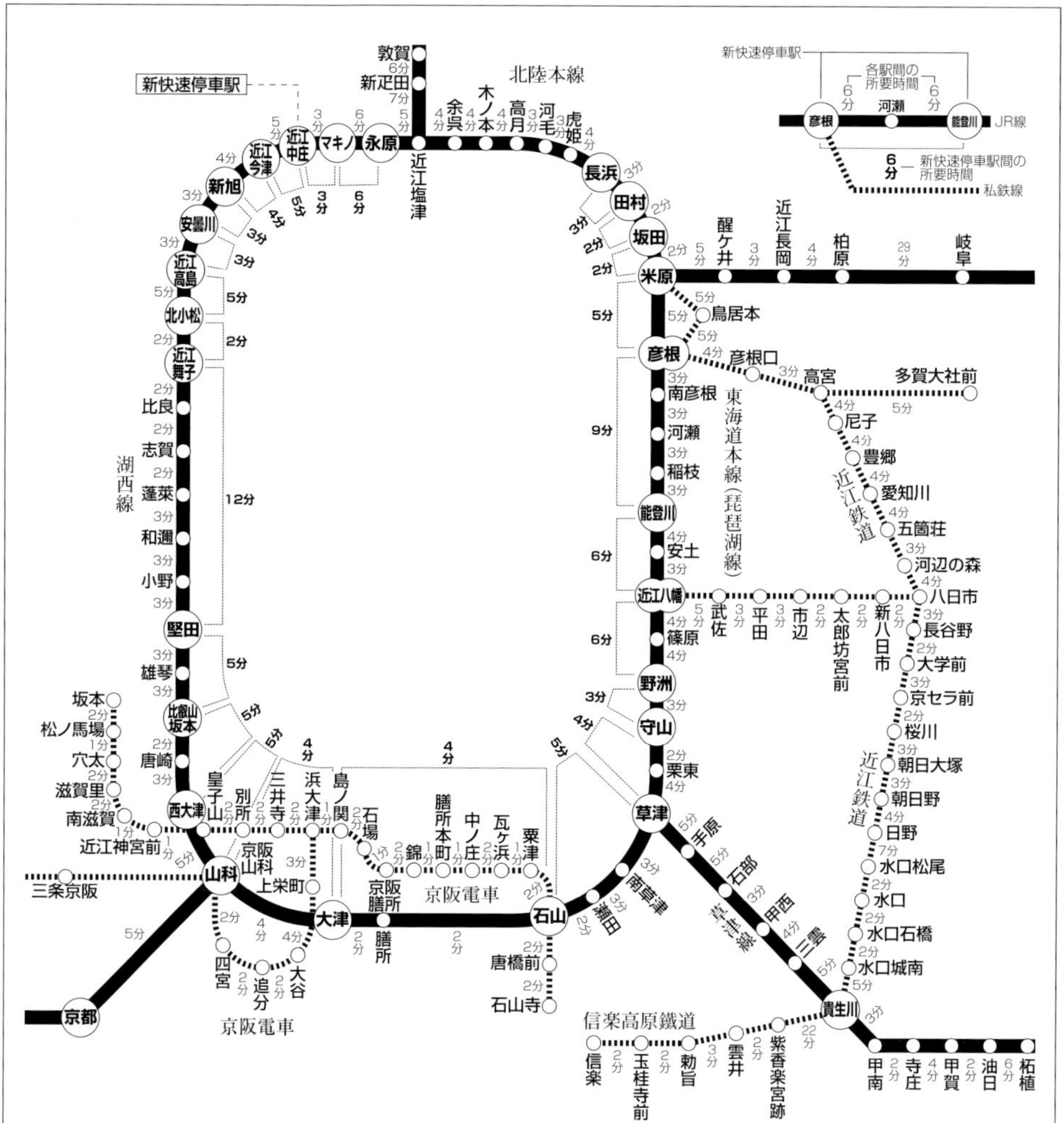

■JR西日本／問JR西日本お客様センターTEL0570-00-2486（6:00～23:00）

起点・終点は、JR京都駅・米原駅が便利。東海道本線（琵琶湖線）京都―米原―北陸本線長浜間と、湖西線京都―永原間に新快速を運行しているが、長浜―永原間は普通電車のみ。

■京阪電車／問京阪電気鉄道 大津運輸部TEL077-522-4521

三条京阪―浜大津を結ぶ京津線と、石山寺-坂本を結ぶ石山坂本線がある。沿線観光地への移動に使用。

■近江鉄道／問近江鉄道TEL0749-22-3303

米原―八日市―貴生川を結ぶ本線と、高宮―多賀大社前を結ぶ多賀線、近江八幡―八日市を結ぶ八日市線がある。沿線観光地への移動に使用。

■信楽高原鐵道／問信楽高原鐵道TEL0748-82-3391

貴生川―信楽間を運行。JR・近江鉄道貴生川駅から信楽方面への移動に使用。

観光バス

近江鉄道	TEL0749-22-3307
湖国バス	TEL0749-22-1210
京阪バス	TEL075-682-2310
江若交通	TEL077-573-2701
滋賀交通	TEL0748-72-1501
帝産観光バス滋賀	TEL077-565-8171
名阪近鉄バス 伊吹山ドライブウェイ営業部	TEL0584-43-1155

タクシー

大津（大津・瀬田・堅田）	琵琶湖タクシー	TEL077-522-6677
	滋賀ヤサカ自動車	TEL077-522-6767
	汽船タクシー	TEL077-524-4000
	愛交通	TEL077-527-9277
	近江タクシー大津	TEL077-537-0106
	大津タクシー	TEL077-545-8111
	共立タクシー	TEL077-579-2278
湖南（草津・守山・栗東・野洲）	帝産タクシー滋賀	TEL077-553-0818
	草津タクシー	TEL077-553-1211
	草津近江タクシー	TEL077-563-0106
	伏見タクシー	TEL077-563-5155
	滋賀京阪タクシー	TEL077-563-1345
	守山タクシー	TEL077-582-2590
	近江タクシー守山	TEL077-582-0106
	光タクシー	TEL077-587-3366
甲賀（湖南・水口・信楽）	滋賀タクシー	TEL0748-62-0159
	近江タクシー水口	TEL0748-63-0106
中部（近江八幡・東近江・日野）	近江タクシー湖東	TEL0748-37-0106
	滋賀京阪タクシー	TEL0748-37-4000
	滋賀タクシー	TEL0748-37-6615
	長命寺タクシー	TEL0748-32-2198
	八日市タクシー	TEL0748-24-1201
	永源寺タクシー	TEL0748-27-1151
湖東（彦根・愛荘・多賀）	彦根近江タクシー	TEL0749-22-0106
	ひこねタクシー	TEL0749-22-4500
	湖城タクシー	TEL0749-26-7777
	渚タクシー	TEL0749-25-7578
湖北（米原・長浜・木之本）	さくらタクシー	TEL0749-63-7600
	長浜タクシー	TEL0749-63-6318
	都タクシー	TEL0749-62-3851
	近江タクシー湖北	TEL0749-62-0106
	米原タクシー	TEL0749-52-4723
	伊香交通	TEL0749-82-2135
	滋賀中央タクシー	TEL0749-74-2525
湖西（高島・今津・マキノ）	汽船タクシー	TEL0740-32-4000
	近江タクシー今津	TEL0740-22-0106

駅レンタカー

大津駅	TEL077-524-7016
草津駅（レンタサイクル駅リンくんあり）	TEL077-565-9052
彦根駅	TEL0749-27-0761
米原駅	TEL0749-52-0800

レンタサイクルで（公的機関取り扱い）

守山市駅前総合案内所	TEL077-514-3765
野洲市観光案内所	TEL077-587-3710
信楽町観光協会	TEL0748-82-2345
信楽高原鐵道	TEL0748-82-3391
東近江市観光協会五個荘支部	TEL0748-48-2100
近江母の郷コミュニティハウス	TEL0749-52-5327
御旅所レンタサイクル（長浜市）	TEL0749-63-1691
JR河毛駅レンタサイクル	TEL0749-78-2280
木之本駅前観光案内所	TEL0749-82-5135
JR高月駅前レンタサイクル（住吉屋旅館内）	TEL0749-85-2038
JR余呉駅レンタサイクル	TEL0749-86-2291
JR永原駅コミュニティハウスコティ	TEL0749-89-0281
JR近江塩津駅 海道・あぢかまの宿	TEL0749-88-0989
農山漁村体験交流施設 Rantaの館	TEL0749-89-0350
マキノ町観光協会	TEL0740-28-1188
今津駅構内観光案内所	TEL0740-22-4201
新旭町観光協会	TEL0740-25-6464
安曇川町観光案内所	TEL0740-32-2464
高島観光案内所	TEL0740-36-1314
朽木観光協会	TEL0740-38-2398

船で

琵琶湖遊覧・竹生島めぐり・多景島めぐり

琵琶湖汽船	TEL077-524-5000
オーミマリン	TEL0749-22-0619

瀬田川リバークルーズ

レークウエスト観光	TEL077-572-2114

沖島通船

近江八幡駅北口観光案内所	TEL0748-33-6061

水郷めぐり・西の湖観光

近江八幡和船観光協同組合	TEL0748-32-2564
島真珠水郷観光船	TEL0748-32-3527
びわ湖観光	TEL0748-32-2131
まるやま水郷めぐり観光	TEL0748-32-2333
安土町観光案内所	TEL0748-46-4234

ケーブル・ロープウェー・ゴンドラで

名称	営業期間・時間	所要時間	問い合わせ先
坂本ケーブル	3/1～ 3/31＝8:00～17:00、 4/1～4/30・9/1～11/30＝8:00～17:30、 5/1～ 8/31＝8:00～18:00 (7/20～8/31の日祝日および8/14～16は18:30)、 12/1～12/31＝8:30～16:30、1/1～2/末＝8:30～17:00 毎時00分発 30分発 (多客時は増発)	11分	比叡山鉄道 TEL077-578-0531
びわ湖アルプスゴンドラ	冬(12～3月)＝平日8:00～18:00、土日祝日は営業日により変動あり (1～2月の土曜日6:00～翌18:00)、春～秋(4～11月)＝平日9:00～17:00	8分	びわ湖バレイ TEL077-592-1155
八幡山ロープウェー	9:00～17:00（季節・行事により随時延長）	4分	八幡山ロープウェー TEL0748-32-0303
伊吹山ゴンドラ	スキーシーズン＝平日8:00～17:00、土日祝日7:00～17:00 グリーンシーズン＝8:30～16:30（夏休み期間中は20:00まで延長予定）	5分	米原市観光協会 TEL0749-58-2227
箱館山ゴンドラ	スキーシーズン＝平日8:00～17:00、土曜日要問い合あわせ スキーシーズン以外＝9:00～16:30（点検のため運休あり）	7分	箱館山スキー場 TEL0740-22-2486
賤ヶ岳リフト	4月上旬～11月下旬＝9:00～17:00	6分	賤ヶ岳リフト TEL0749-82-3009

移動する

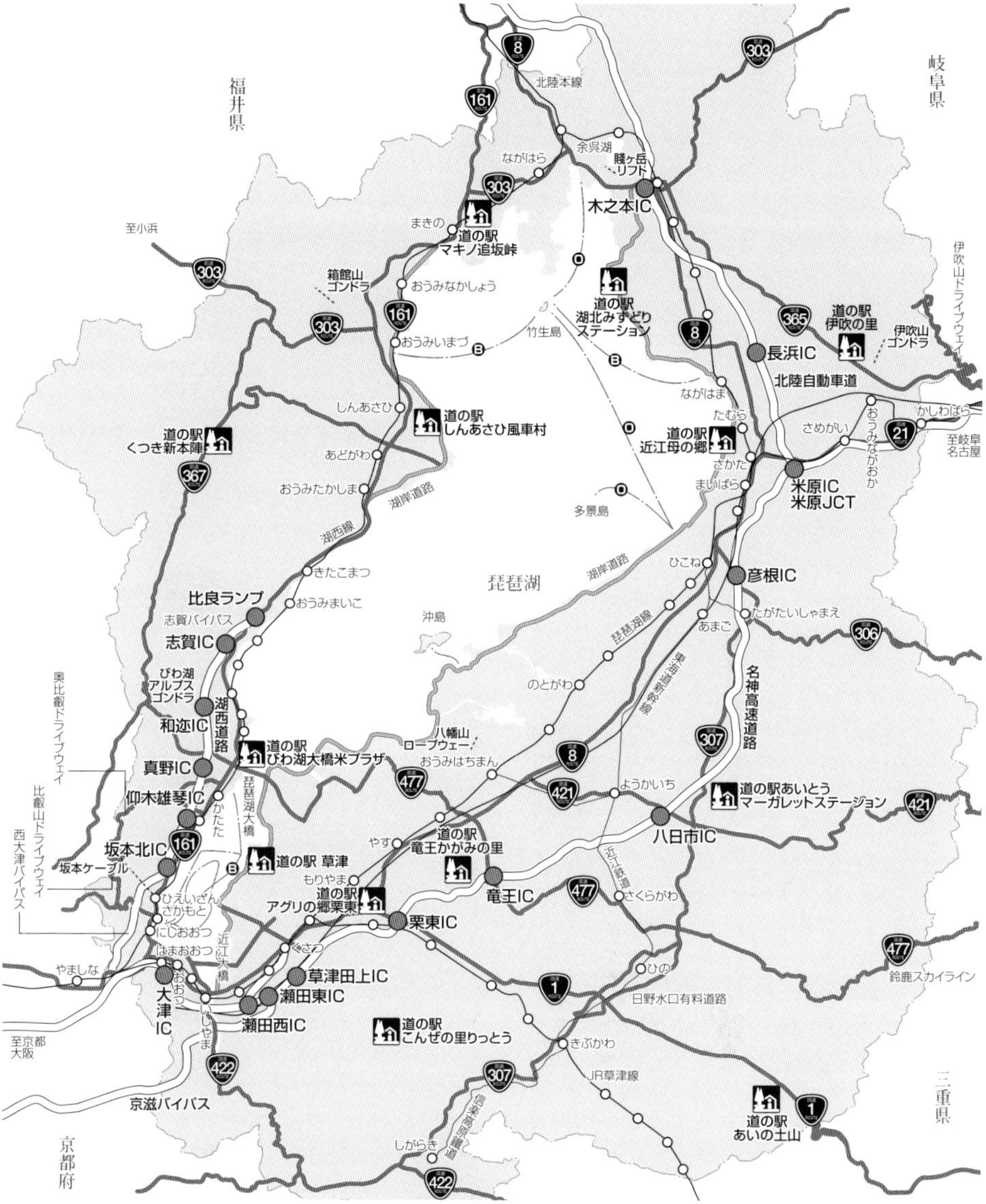

道の駅

びわ湖大橋米プラザ	TEL077-572-0504	伊吹の里	TEL0749-58-0390
草津	TEL077-568-3610	近江母の郷	TEL0749-52-5177
アグリの郷栗東	TEL077-554-7621	湖北みずどりステーション	TEL0749-79-8060
こんぜの里りっとう	TEL077-558-3858	マキノ追坂峠	TEL0740-28-8081
あいの土山	TEL0748-66-1244	しんあさひ風車村	TEL0740-25-5588
竜王かがみの里	TEL0748-58-8700	くつき新本陣	TEL0740-38-2398
あいとうマーガレットステーション	TEL0749-46-1110		

県西部

所在地	施設名	部屋数	定員	電話番号
マキノ	奥琵琶湖 マキノプリンスホテル	60室	120人	TEL0740-28-1111
今津	今津サンブリッジホテル	55室	150人	TEL0740-22-6666
新旭	料理旅館鳥居楼	10室	80人	TEL0740-25-3377
	アクティプラザ琵琶	40室	200人	TEL0740-25-7111
安曇川	白浜荘	53室	355人	TEL0740-32-0451
高島	恵美寿荘	12室	60人	TEL0740-36-0012
	長浜屋	6室	25人	TEL0740-36-1539

国民宿舎に

所在地	施設名	部屋数	定員	電話番号
大津	ビューロッジ琵琶	18室	70人	TEL077-572-1317
甲賀	かもしか荘	18室	112人	TEL0748-69-0344
愛荘	金剛輪寺荘	17室	119人	TEL0749-37-3521

所在地	施設名	部屋数	定員	電話番号
長浜	豊公荘	18室	80人	TEL0749-62-0144
余呉	余呉湖荘	16室	80人	TEL0749-86-2480
西浅井	つづらお荘	29室	120人	TEL0749-89-0350

公営の宿泊施設に

所在地	施設名	部屋数	定員	電話番号
大津	KKRホテルびわこ	27室	85人	TEL077-578-2020
	のぞみ荘	9室	42人	TEL077-522-3704
	ホテルピアザびわ湖	70室	110人	TEL077-527-6333
	滋賀県青年会館	19室	110人	TEL077-537-2753
	リバーヒル大石	16室	95人	TEL077-546-4110
栗東	こんぜの里 森遊館	10室	65人	TEL077-558-0600
	こんぜの里 バンガロー村	9室	45人	TEL077-558-0908
野洲	近江富士 花緑公園ふるさと館	6室	23人	TEL077-586-1930
甲賀	グリーンヒル・サントピア	12室	48人	TEL0748-63-2950
近江八幡	ウェルサンピア滋賀 (滋賀厚生年金休暇センター)	54室	151人	TEL0748-32-3221
日野	畜産体験宿泊施設 まきばの館レーベン	20室	40人	TEL0748-52-5525
	コテージ&オートキャンプ場 日野町グリム冒険の森	6棟	48人	TEL0748-53-0809
彦根	かんぽの宿 彦根	41室	152人	TEL0749-22-8090

所在地	施設名	部屋数	定員	電話番号
米原				
長浜	長浜ドーム 宿泊研修館	13室	54人	TEL0749-64-2880
	長浜市サイクリング ターミナル	15室	80人	TEL0749-63-9285
	国際交流ハウスGEO	6室	20人	TEL0749-63-4400
木之本	己高庵	11室	54人	TEL0749-82-6020
	大見いこいの広場	18室	76人	TEL0749-82-2500
余呉	ウッディパル余呉	11室	90人	TEL0749-86-4145
	余呉町文化交流センター	10室	50人	TEL0749-86-4145
今津	家族旅行村 ビラデスト今津(森の交流館)	15室	55人	TEL0740-22-6868
高島	憩いの里湖西	16室	57人	TEL0740-36-2345
	びわ湖青少年の家	24室	150人	TEL0740-36-1108
	ガリバー青少年旅行村 コテージ&オートキャンプ場	30棟	338人	TEL0740-37-0744
朽木	グリーンパーク想い出の森 (山荘くつき)	34室	70人	TEL0740-38-2770

ユースホステルに

所在地	施設名	電話番号
大津	ユースホステル西教寺	TEL077-578-0013
	ユースホステル和邇浜青年会館	TEL077-594-0244

所在地	施設名	電話番号
野洲	近江希望が丘ユースホステル	TEL077-587-2201
近江八幡	近江八幡ユースホステル	TEL0748-32-2938

民宿に

所在地	戸　数	電話番号
大津	53戸	TEL077-528-2772(びわ湖大津観光協会)
近江八幡	長命寺 3戸 沖　島 2戸	TEL0748-32-7003(近江八幡観光物産協会)
米原	山麓 16戸 ゲレンデ 4戸 奥伊吹 3戸	TEL0749-58-2227(米原市観光協会)

所在地	戸　数	電話番号
余呉	6戸	TEL0749-86-3085(余呉町観光協会)
西浅井	5戸	TEL0749-89-1121(西浅井町観光協会)
マキノ	25戸	TEL0740-28-1188(マキノ町観光協会)
今津	18戸	TEL0740-22-2108(今津町観光協会)

泊まる

ホテル・旅館に

政府登録国際観光ホテル・旅館、日本ホテル協会会員、国際観光旅館連盟会員、日本観光旅館連盟会員、JRグループ、JTB、近畿日本ツーリスト・日本旅行・東急観光協定、びわこビジターズビューロー会員のいずれかのホテル・旅館等

県南部

所在地	施設名	部屋数	定員	電話番号
大津駅	琵琶湖ホテル	171室	486人	TEL077-524-7111
	旅亭紅葉	102室	560人	TEL077-524-8111
	八景館	30室	150人	TEL077-523-1633
	アヤハレークサイドホテル	29室	180人	TEL077-524-2321
	植木屋	11室	32人	TEL077-524-2562
	大津プリンスホテル	540室	1140人	TEL077-521-1111
	円満院	20室	150人	TEL077-522-3690
	ホテルブルーレーク大津	95室	130人	TEL077-524-0200
	大津シャンピアホテル	131室	172人	TEL077-527-6711
	シティーホテルDIC	29室	40人	TEL077-525-6123
延暦寺	延暦寺会館	65室	250人	TEL077-578-0047
石山	松乃荘	14室	60人	TEL077-537-0069
	月乃家	18室	60人	TEL077-537-1058
	ぼだい樹	12室	30人	TEL077-537-1187
	松葉家	11室	50人	TEL077-537-2045
	唐橋旅館	9室	40人	TEL077-537-1002
	びわこ石山ホテル	69室	100人	TEL077-533-0660
南郷	二葉屋	11室	45人	TEL077-537-1255
瀬田	臨湖庵	25室	120人	TEL077-545-4128
	ロイヤルオークホテル	191室	408人	TEL077-543-0111
	瀬田アーバンホテル	89室	119人	TEL077-543-6111
	ホテルニューサイチ	112室	130人	TEL077-543-2511
雄琴温泉	びわ湖花街道	43室	173人	TEL077-578-1075
	暖灯館 きくのや	30室	180人	TEL077-578-1281
	湯元舘	75室	375人	TEL077-578-1520
	里湯昔話雄山荘	115室	600人	TEL077-578-1144
	雄琴荘	13室	50人	TEL077-578-1390
	琵琶湖グランドホテル	160室	900人	TEL077-579-2111
	京近江	44室	330人	TEL077-577-2211
	えり清	10室	35人	TEL077-578-1396
	びわこ緑水亭	70室	370人	TEL077-577-2222
志賀	近江舞子ホテル	20室	79人	TEL077-596-1010
	ホテル琵琶レイクオーツカ	24室	124人	TEL077-596-1711
	ホテルびわ湖アルプス山荘	29室	100人	TEL077-592-1500
草津	びわこの千松	23室	115人	TEL077-565-8800
	クサツエストピアホテル	73室	100人	TEL077-566-3333
	ホテルボストンプラザ草津	122室	142人	TEL077-561-3311
	アーバンホテル草津	113室	128人	TEL077-567-0606
守山	琵琶湖リゾートクラブ	85室	320人	TEL077-585-1000
	ラフォーレ琵琶湖	273室	930人	TEL077-585-3811
	ホテル琵琶湖プラザ	60室	180人	TEL077-585-4111
甲賀	ペンション紫香楽	10室	47人	TEL0748-82-1109
	小川亭	10室	40人	TEL0748-82-0008
	水口センチュリーホテル	110室	123人	TEL0748-63-2811
	宮乃温泉	15室	53人	TEL0748-86-2212
	塩野温泉	9室	40人	TEL0748-86-2130
	ダイヤモンド滋賀	98室	270人	TEL0748-68-0211

県東部

所在地	施設名	部屋数	定員	電話番号
近江八幡	ホテルニューオウミ	85室	122人	TEL0748-36-6666
	休暇村近江八幡	95室	338人	TEL0748-32-3138
	びわこ畔 長命寺門前 兆楽	10室	50人	TEL0748-32-3201
東近江	いたや	12室	34人	TEL0748-22-0047
	クレフィール湖東	66室	128人	TEL0749-45-3880
日野	ビジネスグリーンホテル	42室	48人	TEL0748-53-1001
	料亭旅館 寿志屋	宿泊1日1組限り		TEL0748-52-0018
彦根	彦根プリンスホテル	102室	240人	TEL0749-26-1111
	彦根キャッスルホテル	55室	78人	TEL0749-21-2001
	グランドデュークホテル	45室	70人	TEL0749-24-1112
	ホテルサンルート彦根	72室	110人	TEL0749-26-0123
	彦根びわこホテル	36室	66人	TEL0749-24-8000
	ホテルサザンビレッジ	52室	64人	TEL0749-22-5555
	琵琶湖コンファレンスセンター	46室	94人	TEL0749-43-3000
	料亭旅館 やす井	15室	50人	TEL0749-22-4670
	料理旅館 八景亭	5室	20人	TEL0749-22-3117
	料理旅館 双葉荘	19室	100人	TEL0749-22-2667
多賀	かぎ楼	11室	20人	TEL0749-48-1003

県北部

所在地	施設名	部屋数	定員	電話番号
米原	グリーンパーク山東(鴨池荘)	9室	42人	TEL0749-55-3751
	伊吹高原荘	21室	120人	TEL0749-58-0170
長浜	浜湖月	14室	80人	TEL0749-62-1111
	北ビワコホテルグラツィエ	82室	157人	TEL0749-62-7777
	千茂登	7室	20人	TEL0749-62-6060
	グリーンホテルYes長浜	119室	134人	TEL0749-65-8080
	長浜ロイヤルホテル	366室	1067人	TEL0749-64-2000
	須賀谷温泉	21室	131人	TEL0749-74-2235
虎姫	魚作楼	4室	10人	TEL0749-73-3031
湖北	尾上温泉紅鮎	16室	80人	TEL0749-79-0315
木之本	想古亭 源内	9室	30人	TEL0749-82-4127
	鈴乃や 清泉閣	10室	35人	TEL0749-82-2233
西浅井	福島屋	7室	20人	TEL0749-89-0551

憩う

温泉・入浴施設で

県南部

所在地	施設名	日帰り入浴の可否、料金など	電話番号
大津	雄琴温泉	旅館によっては可	TEL077-578-1650（雄琴温泉観光協会）
	びわ湖温泉	食事の場合、可	TEL077-524-8111（旅亭紅葉）
	石山温泉	旅館によっては可	TEL077-537-1105（石山南郷温泉利用組合協議会）
	南郷温泉	旅館によっては可	TEL077-537-1255（南郷温泉二葉屋）
	虹乃湯温泉	日帰り可 1,000円	TEL077-592-1156（びわ湖アルプス山荘虹乃湯）
	比良とぴあ	日帰りのみ 600円	TEL077-596-8388
湖南	十二坊温泉ゆらら	日帰りのみ 600円	TEL0748-72-8211
甲賀	かもしか温泉	日帰り可 400円	TEL0748-69-0344（国民宿舎かもしか荘）
	やっぽんぽんの湯	日帰り可 550円	TEL0748-68-0211（ダイヤモンド滋賀）
	花風香の湯	日帰りのみ 800円	TEL0748-88-7000
	塩野温泉	食事の場合、可	TEL0748-86-2130
	宮乃温泉	日帰り可 800円	TEL0748-86-2212
	信楽温泉 多羅尾乃湯	日帰り可 平日1,000円 土日祝日1,500円	TEL0748-85-0250（ホテルレイクヴィラ）

県東部

所在地	施設名	日帰り入浴の可否、料金など	電話番号
近江八幡	宮ヶ浜の湯	日帰り可 700円 （休業：水曜日・夏休み・年末年始）	TEL0748-32-3138（休暇村近江八幡）
東近江	近江温泉	日帰り可 700円	TEL0749-46-1201（近江温泉 湖東ホテル）
彦根	千乃松原温泉	日帰り可 800円	TEL0749-22-8090（かんぽの宿 彦根）

県北部

所在地	施設名	日帰り入浴の可否、料金など	電話番号
米原	ジョイいぶき （伊吹薬草の里文化センター）	日帰りのみ 300円	TEL0749-58-0105
長浜	長浜太閤温泉	旅館によっては可	TEL0749-64-2000（長浜ロイヤルホテル） TEL0749-62-1111（浜湖月） TEL0749-62-0144（国民宿舎豊公荘）
	須賀谷温泉	日帰り可 800円 タオル持参	TEL0749-74-2235
湖北	尾上温泉 紅鮎	食事の場合、可 食事：6,000円～、別途入浴料：750円	TEL0749-79-0315
高月	北近江の湯	日帰りのみ 平日900円 土日祝日1,200円	TEL0749-85-8888（北近江リゾート）
木之本	己高庵	日帰り可 400円	TEL0749-82-6020
	しずがたけ光明石の湯	日帰り可 1,050円 貸切（要予約）	40749-82-4127（想古亭 源内）
	奥びわこ天然石温泉	日帰り可 月～木：500円 金土日祝日：700円 貸切（要予約）	40749-82-2233（鈴乃や 清泉閣）
西浅井	Rantaの館	日帰りのみ 300円	TEL0749-89-0350

県西部

所在地	施設名	日帰り入浴の可否、料金など	電話番号
安曇川	宝船温泉	日帰り可 750円	TEL0740-32-1293（湯元ことぶき）
マキノ	白谷温泉	八王子荘のみ可 350円	TEL0740-27-0085（八王子荘）
	マキノ高原温泉さらさ	日帰りのみ 600円	TEL0740-27-8126
朽木	くつき温泉てんくう	日帰り可 600円	TEL0740-38-2770（グリーンパーク想い出の森）